中国文化
知识读本

ZHONGGUO WENHUA ZHISHI DUBEN

金开诚◎主编　刘永鑫◎编著

吉林出版集团有限责任公司
吉林文史出版社

吴敬梓与《儒林外史》

图书在版编目（CIP）数据

吴敬梓与《儒林外史》/ 刘永鑫编著 . 一长春：
吉林出版集团有限责任公司：吉林文史出版社，2009.12（2022.1 重印）
（中国文化知识读本）
ISBN 978-7-5463-1529-4

Ⅰ.①吴… Ⅱ.①刘… Ⅲ.①吴敬梓（1701～1754）
－人物研究②儒林外史－文学研究 Ⅳ.① K285.6
② I207.419

中国版本图书馆 CIP 数据核字（2009）第 222506 号

吴敬梓与《儒林外史》

WUJINGCI YU RULIN WAISHI

主编/ 金开诚 编著/刘永鑫
项目负责/崔博华 责任编辑/曹恒 于涉
责任校对/樊庆辉 装帧设计/曹恒
出版发行/吉林文史出版社 吉林出版集团有限责任公司
地址/长春市人民大街4646号 邮编/130021
电话/0431-86037503 传真/0431-86037589
印刷/三河市金兆印刷装订有限公司
版次/2009 年 12 月第 1 版 2022 年 1 月第 4 次印刷
开本/650mm×960mm 1/16
印张/8 字数/30千
书号/ISBN 978-7-5463-1529-4
定价/34.80元

关于《中国文化知识读本》

文化是一种社会现象，是人类物质文明和精神文明有机融合的产物；同时又是一种历史现象，是社会的历史沉积。当今世界，随着经济全球化进程的加快，人们也越来越重视本民族的文化。我们只有加强对本民族文化的继承和创新，才能更好地弘扬民族精神，增强民族凝聚力。历史经验告诉我们，任何一个民族要想屹立于世界民族之林，必须具有自尊、自信、自强的民族意识。文化是维系一个民族生存和发展的强大动力。一个民族的存在依赖文化，文化的解体就是一个民族的消亡。

随着我国综合国力的日益强大，广大民众对重塑民族自尊心和自豪感的愿望日益迫切。作为民族大家庭中的一员，将源远流长、博大精深的中国文化继承并传播给广大群众，特别是青年一代，是我们出版人义不容辞的责任。

《中国文化知识读本》是由吉林出版集团有限责任公司和吉林文史出版社组织国内知名专家学者编写的一套旨在传播中华五千年优秀传统文化，提高全民文化修养的大型知识读本。该书在深入挖掘和整理中华优秀传统文化成果的同时，结合社会发展，注入了时代精神。书中优美生动的文字、简明通俗的语言、图文并茂的形式，把中国文化中的物态文化、制度文化、行为文化、精神文化等知识要点全面展示给读者。点点滴滴的文化知识仿佛颗颗繁星，组成了灿烂辉煌的中国文化的天穹。

希望本书能为弘扬中华五千年优秀传统文化、增强各民族团结、构建社会主义和谐社会尽一份绵薄之力，也坚信我们的中华民族一定能够早日实现伟大复兴！

【目录】

一　吴敬梓的生平

吴敬梓纪念馆

《儒林外史》是一部在我国文坛具有深远影响的伟大作品，描写的故事大多发生在明代，吴敬梓通过一个个鲜活的故事把自己大半生的亲身经历和体验告诉了我们。让我们看到了封建科举制度下知识分子的生活和精神状态，同时也对这些人物的命运进行了深刻的思考和探索。《儒林外史》是我国古代讽刺文学最杰出的代表作，标志着我国古代讽刺小说艺术发展进入新阶段。

一、吴敬梓的生平

吴敬梓（1701—1754 年），字敏轩，号粒民。清代小说家，安徽全椒人。移居到南京以后自号秦淮寓客，又因他的书斋名叫"文木山房"，故晚年自号文木老人。吴敬梓出身在一个"科第家声从来美"的科举世家。他的曾祖父一辈，共有兄弟五个人，其中四个人中了进士，曾祖父吴国对是顺治十五年（1658年）殿试第三名，即探花，做到了翰林院侍读，提督顺天学政。祖父一辈吴晟是康熙十五年（1676年）的进士。但是从父辈开始，便逐渐家道中落，父亲吴霖起，曾经是赣榆县教谕，是个很清贫的官。

由于家庭的原因，吴敬梓小的时候就接受着传统儒家思想的熏陶。祖辈对于科

吴敬梓故居文木山房

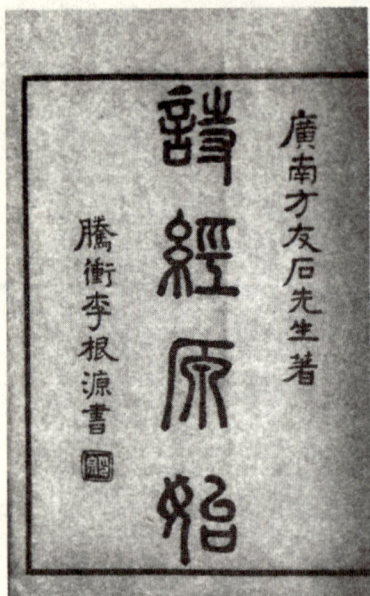

《诗经》

举的热衷追求，推崇经史，特别是推崇《诗经》都对吴敬梓产生了潜移默化的影响。小的时候，他就在家长的看管下学习经史，准备长大以后也像父辈一样，走科举仕进的道路。可是，传统儒家思想的熏陶和学习并没有束缚住吴敬梓的思想，他开始对诗词歌赋以及野史杂书产生了浓厚的兴趣，这也为他以后的文学创作打下了坚实的基础。

吴敬梓在年少的时候度过了一段安逸的读书生活，他自小就是个很聪明的孩子，善于背诵。但是好景不长，13岁的时候他就失去了母亲，14岁跟随父亲去了赣榆县。到了康熙六十一年（1722年），为官清廉的吴霖起却遭坏人诬陷而被罢官，吴敬梓跟随父亲回到全椒。吴霖起在第二年抑郁而死。父亲去世以后，族里人欺负他两代单传，一些近族亲戚和外人相互勾结，纷纷来侵夺他的家产。这使他看清了封建家族伦常道德的虚伪面目，他决定与这些人划清界限，不再依靠祖宗的基业和门第来生活。

吴敬梓的生活经历可以以移居南京作为分水岭，分为两大阶段。人生道路上发生的重大变故，让他看清了人情冷暖、世态炎凉。他对社会的认识以及态度发生了

很大的转变，他开始挥霍父亲留给他的家产，仗义疏财，乐于助人，家产很快就消耗殆尽了。生活已经沦落到了十分贫困的境地，这也招来了别人的非议。在创作上他开始效仿阮籍、嵇康，追随建安文人的风雅，反对浮华、空虚的创作文风，反对虚伪的礼教，表现出了狂放不羁的人生态度。

后来，吴敬梓在33岁的时候，变卖了家里的田产，移居到了南京，靠给人写文章度日，生活十分艰难。但正是这种生活经历，让他广泛地了解了下层人民的生活状况，同时也结识

了很多文人学者，扩大了自己的眼界。对吴敬梓影响比较大的是当时代表进步思潮的颜李学派的学者，他们反对理学空谈，倡导务实的学风；要求以礼乐兵农作为强国富民之道；反对空言无益的八股举业，提倡以儒家的"六艺"作为教育内容，培养对国家有用的人才。这种影响让吴敬梓彻底摆脱了礼教的束缚，进一步形成了他狂放不羁的性格。

年少时吴敬梓本想通过科举考试光宗耀祖

　　吴敬梓也参加过科举考试，想走科举荣身的道路，可是始终没能成功。他29岁的时候，去滁州参加科举考试。主考官看了他的文章以后，大加赞赏，不过他终因其思想行为太过怪异而落榜。这次失败给他以沉重的打击，他开始对科举考试产生了怀疑。36岁的时候，他曾被荐举参加博学鸿词科的考试，参加了地方一级的考试。但是到了要去京城应试的时候，他却假称自己得了病，没有去应试。吴敬梓深深地认识到了科举制度的弊端，他也放弃了走科举仕进道路的想法。

　　乾隆十六年（1751年），乾隆首次南巡的时候，在南京举行征召，很多文人迎銮献诗时，吴敬梓却没有去，而是像东汉狂士向栩一样"企脚高卧"。后来，吴敬

臣聞舜受終於文祖輯瑞者羣后禹大會
萬國周禮太宰象闕懸憲章之新漢殿未
之選講禮述職龍樓鶴禁之中玫績獻功
尠以正班爵之義訓上下之則也
皇上握紀開階御符當璧聰明智勇商后
齊神農之玉理仰觀天而俯察地栗栗孜
如雲巍巍蕩蕩濟臣林北姓咸歌
帝德之化神濟臣工喜覲
天顏之咫尺平章百姓表正萬邦六相五

全椒　吳敬梓

擬獻朝會賦并序

賦

文木山房集卷一

文木山房集　卷一　賦

《文木山房集》

梓的生活陷入了困境，经常忍饥挨饿，靠典当过活。这种由富贵到贫困的生活经历，让他看到了世态炎凉、人情冷暖，对社会有了更清醒、冷峻的认识。吴敬梓人生的最后几年经常靠朋友的接济生活。乾隆十九年（1754 年）农历十月二十八日吴敬梓终因穷困潦倒，在扬州去世，结束了他坎坷磊落的一生。

吴敬梓一生创作了大量的诗歌、散文和史学研究著作，有《文木山房诗文集》十二卷，今存四卷。不过，确立他在中国文学史上杰出地位的，是他创作的长篇讽刺小说《儒林外史》。

二　《儒林外史》的创作背景

《儒林外史》

首先，特殊的生活阅历，让吴敬梓认清了隐藏在功名利禄背后的丑陋人性。

特殊的生活阅历，让吴敬梓的生活和思想都发生了极大的变化。他生长在一个官宦家庭，小时候富足的生活和后来窘困的境地形成了巨大的反差，思想上对科举制度也产生了截然相反的看法。吴敬梓一生大部分时间生活在南京和扬州，他见惯了官僚的徇私舞弊、豪绅的武断乡曲、膏粱子弟的平庸昏聩、举业中人的利欲熏心、名士的附庸风雅和清客的招摇撞骗。他在《儒林外史》中对各种类型的知识分子腐朽的精神生活作了彻底的揭露。

其次，他认清了科举制度对整个社会产生的巨大危害。

清朝统治者为了维护王朝的稳定，镇压武装起义，在文化上用考八股、开科举来麻痹人们的思想。雍正帝、乾隆帝年间，清朝统治者大兴文字狱，迫害知识分子，设博学鸿词科以作诱饵，提倡理学，以功利思想来影响知识分子。这种科举制度对社会的危害和影响是极其巨大和深远的，很多知识分子为了追逐名利富贵，醉心于对八股文，对科举考试的钻研，成了愚昧无知、卑鄙无耻的势利之徒。

吴敬梓反对科举制度

　　吴敬梓看不惯这种黑暗的政治和腐朽的社会风气，所以他反对八股文，反对科举制度，不愿参加博学鸿词科的考试，厌恶人们对功名利禄的追逐。在《儒林外史》里，他通过讽刺的手法，对这些丑恶的事物进行了深刻的揭露和有力的批判，表明了他对科举制度的深恶痛绝。

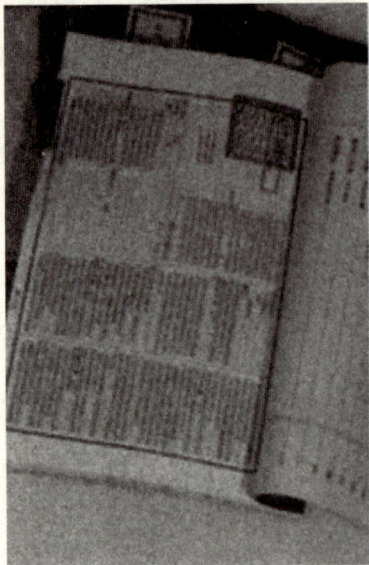

《儒林外史》有许多种版本

《儒林外史》主要是在吴敬梓移家南京之后，大约在乾隆十四年（1749年），吴敬梓49岁时创作完成的。《儒林外史》里面出现的人物，大都真有其人，吴敬梓创作取材于现实生活，人物原型多为自己的亲戚和朋友。如杜少卿、庄绍光、虞育德、迟衡山等人都可以在吴敬梓的身边找到原型。现在人们一致认为作品中杜少卿的原型就是吴敬梓本人。他的主要经历与吴敬梓基本相同，而且是按照吴敬梓生活中所经历事件的时间顺序安排的，如杜少卿在父亲去世后的"平居豪举"，借病不参加博学鸿词的廷试、祭泰伯祠等。吴敬梓对有些环节加以想象虚构，使人物形象更加典型化。

关于《儒林外史》的版本，历来说法不一，分歧也较大，大体有五十回本、五十五回本、五十六回本等说法。但五十回本、五十五回本人们至今仍没有见到。现存最早的刻本是嘉庆八年（1803年）卧闲草堂的巾箱本五十六回。吴敬梓的作品还有《文木山房集》四卷，清乾隆年间刻本，收入他40岁以前的诗文，近年又陆续发现了《文木山房集》以外的诗文三十多篇。

三 《儒林外史》中描写的科举制度下的文人

《儒林外史》描写了清代形形色色的知识分子的生活和精神状态，对他们作了不同程度的讽刺、批判和赞扬。除此以外，小说也涉及官僚制度、人情世态和市井细民，大都表现了作者的爱憎分明。作者用以褒贬人物和社会现象的标准关乎全书的思想倾向。作者基本上是站在封建开明士绅的立场，反对读书人不顾"文行出处"的古训，无耻地追求功名富贵，以及批判社会上凉薄的世态人情。而导致读书人走向堕落的，则是以八股文取士的科举制度，作者把这种科举制度当做万恶之源来加以抨击和讽刺。

《儒林外史》描绘了清代的人情世态

（一）坎坷磊落的王冕

在吴敬梓笔下，科举制度下的文人绝大部分是迂腐、麻木、贪婪的，但是在小说的第一回，吴敬梓却给我们讲述了王冕的故事，他是一个不受科举制度束缚的知识分子。通过强烈的对比，小说痛斥了八股科举制度对知识分子的戕害。

王冕生活在明朝末年，住在诸暨县的一个村子里，是一个画荷花的名笔。

在他7岁的时候，父亲就去世了，母子俩生活非常困难。又赶上年头不好，母亲只能靠着替别人家做些针线活勉强度日。一天，母亲把王冕叫到跟前，难过地叹气道："孩子啊，我们家的东西当的当、卖的卖，实在供不起你读书了。你还是出去找点活干吧，明天到隔壁秦老爹家帮他放牛，每个月还可以挣几钱银子。"王冕说："我知道了，每天在学堂里坐着也没意思，还不如出去放牛呢。"

在秦老爹家旁边有一个七柳湖，那里景色很美，湖边是大片大片的绿草，还有很多粗壮的柳树，附近的牧童都来这里放牛。秦老爹告诉王冕只能在这一带放牛，不能走远，他经常给王冕带些饭菜，每天还给点零钱。王冕不舍得把钱花掉，都攒

吴敬梓通过故事痛斥科举制度

《儒林外史》中描写的科举制度下的文人

王冕学画荷花

了起来，买了些旧书。

　　这样过了三四年。一天，王冕正在放牛，突然乌云密布。一场阵雨过后，日光照得满湖通红。雨后的七柳湖让王冕陶醉了：岸边是绿油油的草地；树叶经过雨水的冲洗变得更加青翠；湖里的荷叶上水珠滚滚，荷包上清水滴滴。王冕心想："古人说'人在图画中'，指的就是这样的景色吧！我要是能把这样的美景画下来就好了。"

　　从此，王冕把攒下来的钱都用来买胭脂铅粉之类的东西，开始学画荷花。三个月以后，他就能把荷花画得像湖里长的一样，惟妙惟肖。村里人看了以后，都夸他画得好，也有拿钱来买的。这样，一传十，十传百，很快大家都知道诸暨县有个画荷花的名笔了，都争着来买画，王冕和母亲也终于可以不愁衣食了。

　　王冕天性聪明，读遍了天文、地理、经史，有了些名声，但是他性情与众不同，既不求官爵，也不喜欢结交朋友，每天就是闭门读书。他在《楚辞图》上看到了屈原的衣冠，便自制了一顶很高的帽子、一件很宽大的衣服。当时正好是花明柳媚的时节，王冕便带着母亲，乘一辆牛车，拿着鞭子，口里唱着歌曲，在湖边到处玩耍。孩子们三五成群，跟着他笑，他也不在意。

一天，王冕正在秦老爹家闲坐，只见外边走进一个头戴瓦楞帽，身穿青布衣服的人。这个人是县里的一个头役，姓翟，是秦老爹的亲戚。他见到王冕，便问道："这位就是会画荷花的王相公吧？"秦老爹道："是的，你是怎么知道的？"那人说："县里有谁不知道啊！前几天县老爷吩咐，要画二十四幅花卉册页送给上司，这事交给了我。我听说过王相公的大名，没想到今天有缘，遇到了王相公，还请多多帮忙啊，县老爷一定会给你赏赐的，我下个月来取画吧。"

王冕因画荷花出名

《儒林外史》中描写的科举制度下的文人

王冕不喜欢和官场的人来往，正想推掉，秦老爹怕他得罪了县老爷，忙打圆场。王冕碍于秦老爹的颜面，就勉强接了这份差事。回家用心画了二十四幅花卉，交差了事。

原来知县是拿这些画去讨好一个大官危素。危素看了王冕的画以后非常欣赏他，便让知县去请王冕。知县为了巴结危素，回到衙门，找人去请王冕。没想到王冕却婉言拒绝了，说："我是一介草民，不敢去见大人。"知县听了火冒三丈，心想"我抬举你，派人去请你，你还不来。"但是害怕得罪危素，第二天早上，知县亲自来拜访王冕。但是王冕的母亲说他的儿子早

危素非常欣赏王冕的画作

上牵牛喂水去了，还没回来。知县一行人又到屋后的山坡上去找，只见到有个牧童倒骑在水牛上，从远处慢慢走来。知县问："小孩儿，你知道王老大牵着牛在哪里饮水吗？"小孩道："王大叔到二十里外的王家集吃酒去了，这牛就是他托我赶回家的。"

知县一听，心想："看来王冕是故意不见我的，真是不识抬举，我一定要惩罚他一番。"但又怕不好向危素交代，只好忍下这口气，将来再说。知县怒气冲冲地回县衙了。王冕并没有走远，看知县走了，他便悄悄地回家了。

秦老爹见到王冕，生气地说："你这孩子，也太任性了。他是一县之主，你怎么得罪得起？"王冕道："知县仗着危素的势力，欺负百姓，这样的人我怎么能和他交往。他这番回去，一定会向危素说，危素一定不会放过我的，我还是出去躲躲吧。只是母亲在家，我放心不下啊。"

母亲道："家里还有些积蓄，够我用的了。你不用担心我，还是先出去躲避一下吧。"

王冕收拾了行李，含泪拜别了母亲，逃往山东济南府。在路上，他看到许多面黄肌瘦、衣衫褴褛的百姓挑着锅，担

牧童骑牛

朱元璋像

着孩子，哭哭啼啼地走在路上，原来是黄河决了口，房屋田地都被淹了，官府又不管，百姓只好四处逃难。王冕看到这样的场景，叹了一口气道："河水北流，天下将要大乱了。"到了济南府，王冕的盘缠用完了，只好靠占卜测字、画画来度日。

过了半年，王冕听说危素已经还朝了，知县也调到了别的地方，他才放心回家了。自此，王冕每日吟诗作画，侍奉母亲。又过了六年，母亲去世，他便守着墓园，平淡度日。

不久，朱元璋、方国珍、张士诚、陈友谅纷纷起兵，天下大乱，百姓痛苦不堪。

一天，王冕扫墓回来，看到很多骑马的人来到村里。一位头戴武巾、相貌不凡的人向王冕施礼问道："请问，这里是王冕先生家吗？"王冕道："我就是。"那人赶忙下马，握着王冕的手道："太好了！我姓朱，名元璋。久闻先生大名，今天专程前来拜访。"王冕道："原来是王爷，草民实在不敢当。"朱元璋道："近日来拜访先生，是想请先生教我如何安定江南，使民心归顺。"王冕道："大王是高明远见的，不用我多说。若要长治久安，只有以仁义服人。"朱元璋深深地点了点头。王冕亲自下厨，烙了一斤面饼，炒了一盘韭菜，捧出来陪着朱元璋一起吃，两人促膝谈心，很晚才依依道别。

没过几年，朱元璋削平祸乱，天下一统，建国号大明，年号洪武。王冕却从未向别人提起皇帝亲自登门请教的事。

明朝初年，天下太平，百姓生活安定。秦老爹经常到城里，总会给王冕带些官府的公告回来。从公告里王冕得知：危素因为傲慢无礼，得罪了皇上，被贬到和州去守墓；以后礼部将用四书、五经、八股文举行科举考试，选拔朝廷官员。王冕对秦老爹说："这个法定得不好啊。将来读书人为了得到一官半职，

四书五经

《儒林外史》中描写的科举制度下的文人

会稽山

恐怕只会钻研考试，却把学问的真正要义忽略了。"

后来，王冕隐居在会稽山，得病去世，葬于会稽山下。

吴敬梓通过王冕的故事，塑造了一个不受科举制度束缚的知识分子形象。而王冤死后，文人们所走的却是一条醉心于科举功名的歧路。

（二）可怜又可笑的周进、范进

山东兖州府汶上县有个乡村，叫做薛家集。这集上有一百来户人家，都是以种地为生。村口有一个观音庵，里面有三间殿宇，另外还有十几间空房子，后门靠着一个水塘。这庵是十方的香火，只有一个和尚住在这里。薛家集的人有公事时候，都来到这里商议。

山东兖州汶上县

这年的正月，地方上的主事乡绅申祥甫把大家都约到了观音庵。他说："今年我们村子里打算在观音寺里设个新学堂，不过没有老师，大家看看有没有合适的人选，推荐一下。"大家在底下讨论起谁能干这个差事。一个姓夏的人说："我倒有个人选，我们衙门里有个姓顾的书办，他家的小少爷去年中了秀才，老师是一个叫周进的人，学问和文章都不错。不过就是年纪大了点，今年六十多了，却连个秀才都没中。"大家也觉得可以，这事就这么定下了。

很快，他们就把周进请来了，答应每年给他十二两银子作为酬劳。学堂正月二十日开馆，十六日的时候，周进到了学堂，申祥甫便准备了些饭菜，又请了集上新进学的梅玖来作陪。周进戴了一项旧毡帽，面色黑瘦，胡子花白，身上穿着元色绸旧直裰，那右边袖子，同后边坐处都破了。申祥甫把他让进了屋里，梅玖这才慢慢地站了起来。周进问道："这位相公是谁？"大家答道："这位是我们集上的梅秀才。"周进听了，谦让不肯让梅玖行礼。梅玖道："今天的事情不同。"周进还是不肯。大家道："论年纪也是周先生大，还是先生先请吧。"梅玖回过头来向众人道："大家是不知道我们学校的规矩，老友是从来不同小友排序的；不过今天不同，还是周先生请上。"在明朝，士大夫称儒学生员为"朋友"，称童生是"小友"；

观音庵

斋饭

比如童生进了学，哪怕十几岁，也称为"老友"，若是不进学，就到八十岁，也称为"小友"。

周进听他这么说了，也就不同他让了，大家行过礼，便按序坐了下来。周进端起酒杯，向大家道了谢，便一饮而尽。大家边喝酒，边吃菜，一会儿如风卷残云一般，酒菜就没了一半。周进坐在那一口不动。申祥甫问道："先生为什么不吃呢？"周进道："实不相瞒，我是长斋。"大家道："这个倒是我们招待不周了，但是不知道先生为什么吃斋？"周进道："因为当年我的母亲病中在观音菩萨位

《儒林外史》中描写的科举制度下的文人

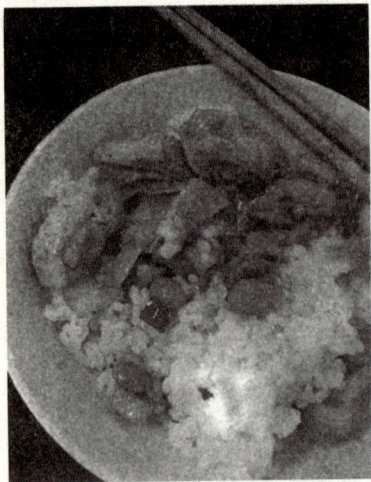

梅玖借吃斋揶揄周进，令他十分尴尬

下许的，到现在也吃了十几年了。"梅玖道："我倒想起一个和吃斋有关的笑话，是前天在城里顾老相公家，听见他说的有个做先生的一字至七字诗。"众人都停下筷听他念诗。"呆！秀才，吃长斋，胡须满腮，经书不揭开，纸笔自己安排，明年不请我自来！"念完说道："像我这周长兄，如此大才，呆是不呆的了？"大家听完大笑起来。周进不好意思，脸都红了。

开馆那天，申祥甫带了些孩子来，这些孩子又淘气又笨，周进耐着性子教他们，也不怎么管束。

一天，周进的姐夫金有余来看他，劝道："别怪我说你，这读书求功名的事，料想也是难了！人生世上，也就是混口饭吃，我过几天要和几个同行去省城做买卖，还缺一个记账的人，要不你和我一起出去走走吧，不会少了你吃的穿的。怎么样？"周进听了以后，一想："自己反正也没什么要紧的事，出去见识见识也无妨。"于是就答应了。

金有余选了个出行吉日，大伙一起动身来到了省城。周进也没什么事，就到街上去走走，看到很多工匠，一问，原来是要去修理贡院。周进也跟着来到了贡院门口，想进去看看，却被看门的

贡院

用鞭子赶了出来。晚上的时候，周进和金有余说起这事，道："我这一辈子要是能进贡院看上一次，死也无憾了。"金有余听了以后，也为周进感到辛酸，考了一辈子，头发都白了，也没进过贡院。于是便花了点钱买通看门的人，带大家一块去贡院里面看看。

周进来到秀才们应考的号房，看到两块木板摆得整整齐齐，几十年的失意浮现在眼前，只觉得眼睛里酸酸的。周进长叹一声，一头撞在号板上，当场不省人事了。大家都慌了，以为中了邪。大家纷纷议论道："是不是这贡院里面没有人住了，阴气太重，才让周先生中了邪？"金有余道：

《儒林外史》中描写的科举制度下的文人

"大家快去找点水来，给他灌一灌。"不一会儿，大家找来了水，给周进喝了，只听他喉咙里咕咕响了一声，吐出了一口浓痰，慢慢地醒了过来。他抬头看了看号板，放声大哭起来，大家说："周先生这是怎么了，为什么痛哭啊？"金有余道："大家有所不知啊，我这个亲戚从小读书，考试考了几十年了，什么都没考上，连个秀才都没中。今天来到这里，不免内心伤痛，所以才这样伤心。"

周进听了这话，更加伤心，躺在地上一面哭一面打滚。大家看着他哭得这么伤心，都很同情。于是有个人说："看这周先生也是个有才学的人，只是没有

周进联想到之前参加科举考试的失意，悲从中来，竟昏死过去

遇到赏识他的人，才落到这等田地。"
金有余道："他才学倒是有的，只是运
气不好啊！"那人又道："我倒有个主意，
可以帮助周先生。听说监生也是可以进
考场的，我们何不为他捐个监生，大家
凑点钱，让他进去考考。要是考得好的话，
真的中了，我们就算做了件好事。要是
不中，就当做生意赔了钱。不知道大家
觉得如何？"

周进听了，忙跪倒在地，道："要是
大家能够帮我，我一定不会忘记各位的
大恩大德。"他趴在地下，磕了好几个
响头。

大家一起凑了二百两银子，给周进捐
了个监生。

周进八月八日来到贡院考试，考完以
后仍旧和以前一样。放榜那天，周进果然
中了，大家个个欢喜。亲戚朋友都来贺喜，
送些礼品。然后周进去京师会试，又中了
进士。

过了几年，升为御史，钦点广东学
道。周进心里想："这些年我在这委屈
了许久，如今我当权了，可一定要好好
地把关，认真审阅考卷，不能埋没了人
才啊。"

十二月上旬，周进在广州上任。在考

周进在众人的帮助下中了进士

《儒林外史》中描写的科举制度下的文人

029

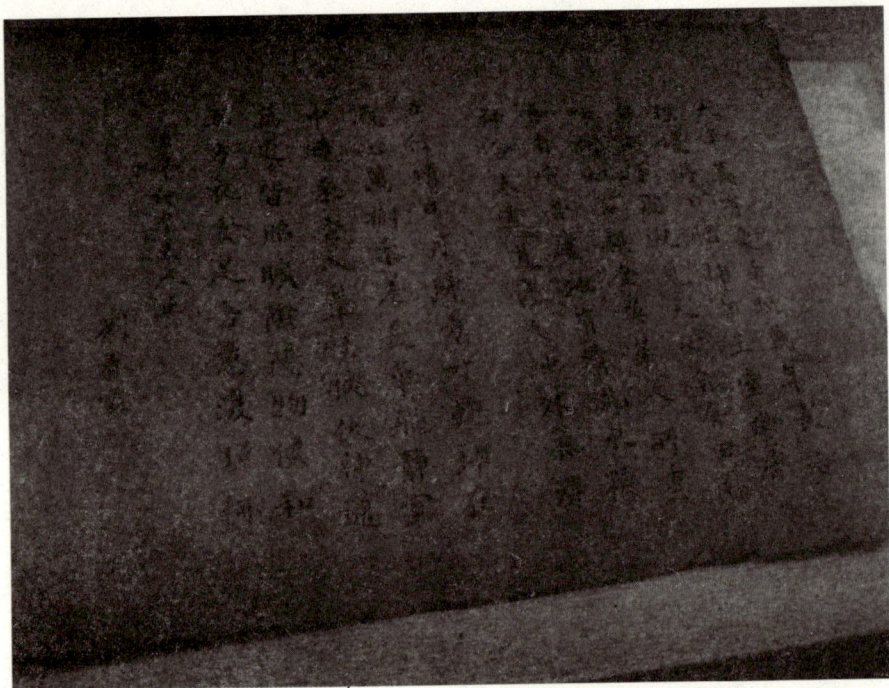

科考书卷

试过程中，他注意到一个穿着麻布衣服，冻得哆哆嗦嗦的童生，他胡须发白，面黄肌瘦。周进问他："你叫什么名啊？多大岁数了？"童生答道："我叫范进，今年54岁了。"周进又问："考过多少回了？"范进道："童生20岁开始应考，到今年已经考了二十几回了。因为我的文章写得不好，所以老是考不中。"周进看着范进，头发花白，还来应考，想起了以前自己的一些经历，不免同情起他来。

于是拿起范进的卷子认真看了一遍。看过之后，周进心里想："不怪他考了这么多年也没考中，就这样的文章，写得真不行啊。"便丢到了一边。又过了一会儿，还没有交卷的，周进就又拿起范进的卷子看了一遍，这次看的时候，觉得他的文章有的地方还是有自己的特点的，倒还有些滋味。于是又仔细看了第三遍，不觉感叹道："这文章写得太好了，我读了三遍，才发现这文章真是难得的佳作啊。"周进在卷子上画了三个圈，填了第一名。

范进回到家里，把自己中了秀才的事情告诉了母亲和妻子，全家都很高兴，欢天喜地地准备饭菜，为范进庆祝。一

晋剧《范进中举》剧照

《儒林外史》中描写的科举制度下的文人

会儿，范进的岳父胡屠户手里拿了一副大肠和一瓶酒来道贺。胡屠户一进门就说："我自己倒霉，把女儿嫁给了你这个没用的东西。这么多年来，不知道拖累了我多少。可能是我积了阴德，让你考上了秀才。"范进听了点头说道："岳父大人教训的是。"胡屠户又说："以后你就是有身份的人了，那就要有个样了，不能坏了规矩，对门口那些种地的、扒粪的人，就不要和他们拱手作揖了。"范进不断地点头。胡屠户又道："亲家母、女儿快来一起吃饭吧。你们每天吃些小菜，可能一年都不曾吃上几次猪油，真是可怜你们了。"婆媳二人过来一起吃饭。吃到天要黑了，胡屠户吃得醉醺醺的，才起身回去了。

第二天，范进少不了要去拜访乡亲。很快到了六月末，范进想要去乡试，不过没有盘缠，他来到了胡屠户那里，想和他借点盘缠。没想到被胡屠户一口啐在脸上，被骂得狗血喷头。虽然挨了一顿骂，但范进还是去了城里参加考试，母亲和妻子因此饿了三天。被胡屠户知道了，又骂了一顿。

放榜那天，家里什么吃的都没有了，范进拿着家里仅有的一只老母鸡，去集上卖。家里正等着他换点米回来吃饭呢，就听见外面一片锣鼓声，几个人闯了进

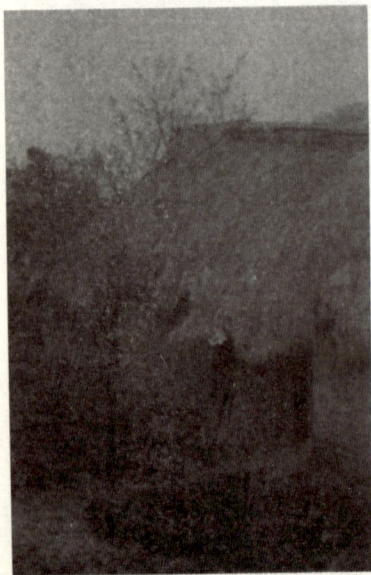

范进一生花费大半时间参加科举考试，生活穷困潦倒

范进得知中举，竟高兴得疯了

来，喊道："快请范老爷出来，恭喜高中了！"母亲一听中了，忙叫人去集上找范进。范进急忙跑了回来，看到堂中挂着大红报帖，反复看了几遍，突然两手一拍，转身就往外跑，一面跑一面喊着："噫！太好了！我中了！"把报录人和邻居都吓了一跳。

大家都跟着跑了出去，看到范进浑身已经湿淋淋的，披头散发的一面跑一面拍手。大家一看，原来范进疯了。这可吓坏了老太太，众人看到这情景，都劝老太太不要着急。有人说："范老爷是因为高兴过了头，痰涌了上来，迷了心窍。只要找一个平日里他最怕的人，打他一个嘴巴，

《儒林外史》中描写的科举制度下的文人

吓他一吓，惊出痰来就好了。"大家都觉得这个办法可行。而范进最怕的人非胡屠户莫属了。

此时，胡屠户听说自己的女婿中了举人，正拿着猪肉过来。可他一听，让自己去打女婿，立刻就犹豫了。胡屠户道："虽然是我的女婿，不过现在他做了老爷，是天上的星宿。我要是打了他，死后一定会下地狱，永不得翻身的。"大家听了，笑道："平日里你每天杀猪，白刀子进去红刀子出来，不知害了多少性命，早该下地狱了，也不差多一条罪状了。"胡屠户没办法，只好去打，他先喝了两碗酒给自己壮了壮胆。然后卷了卷衣袖，

《范进中举图》

来到疯疯癫癫的范进前面，举起手来一掌打下去，喊道："该死的畜生！你中了什么？"

说也奇怪，范进被打完一掌以后，眼睛渐渐明亮了，不疯了。倒是胡屠户站在一边，觉得自己的手发痛。心里后悔道："果然是天上的星宿啊，打不得啊！"连忙向郎中讨了个膏药贴上。老太太看着自己的儿子不疯了，也高兴了。

自此以后，范进再也不愁吃穿了。有人送房子，有人送田地。不久，范进家里奴仆丫鬟都有了，钱财更是不用说了。老太太看着这些东西，不觉喃喃地说："这些都是我的，都是我的了。"突然往后一倒，不省人事了。

周进、范进二人的命运辛辣地讽刺了弄得人神魂颠倒的科举制度。这种制度并不能选拔人才，周进、范进科举的失败和成功完全是偶然的。他们把自己毕生精力全部投入到了八股举业上，只落得个精神空虚、知识贫乏的下场，以致后来范进当了主考官竟然连苏轼这样的大文豪都不知道。同时，书中着力描写周进、范进在命运转变中环绕于他们周围的众生相，深刻地表现了科举制度对各阶层人物的毒害以及造成的乌烟瘴气的社会风气。

范进中举后变得富有起来

《儒林外史》中描写的科举制度下的文人

匡超人在路边摆摊给人算命

（三）无耻势利的匡超人

科举制度不仅造就了一批社会蛀虫，同时也毒害着整个社会。吴敬梓用了很大的篇幅描写了匡超人是如何从一个淳朴的青年堕落成无耻的势利之徒的。

温州府的乐清县有一农家子弟叫匡超人，他本来朴实敦厚。为了赡养父母，他外出做小买卖，流落杭州。

一天，匡超人在路旁摆了个摊子，给人拆字算命，遇到了一个叫马静的人。马静得知匡超人的遭遇后，对他说："我给你十两银子，你回家好好孝敬父母，有时间就勤奋读书，将来谋个功名。"匡超人手里拿着银子，感动得流下了眼泪，道："谢谢先生的关照，我无以为报，如果您不嫌弃我，我想和您结为兄弟。"马静也不推辞，和他结为了兄弟。

在马静的帮助下，匡超人回到了家，一面孝敬父母，一面攻读文章。他是个大孝子，老父的行动不方便，晚上大解的时候，他就跪在床尾，把父亲的两条腿扛在肩上，让父亲躺得安安稳稳的大解。他白天做杀猪和磨豆腐的生意，晚上照顾父亲，学习文章。

一天晚上，匡超人正在读书，本地知县刚好路过，心中诧异："在这山村里，这么晚了，还有这么刻苦用功的人，真是不容易啊！"于是就问随从这人是谁啊，随从道："他叫匡超人，是这里有名的大孝子。"知县听了便一心想抬举他。

第二天，知县叫人给匡超人带去口信，道："过几天，县里要招考童生，你过来报名应考。要是真能做文章，我自会提拔你的。"过了几天，县里贴出了招考童生的告示，匡超人买了卷子去应考。没想到童生、府考、院考都高中榜首。

后来，知县遇到些祸事被罢了官，匡超人想："如今知县被罢了官，有了难，我得去看望看望他。"不料，他这一去，

匡超人参加童生、府考、院考，竟都高中榜首

《儒林外史》中描写的科举制度下的文人

匡超人为赚钱答应替人考试

居然被诬陷为聚众闹事的首犯，逼不得已匡超人只好再次流落他乡。

在流浪过程中，匡超人遇到了景兰江、赵雪斋、支剑峰、浦墨卿、乐清匡、卫体善、随岑庵等一些所谓的西湖名士，每天和这些人在一起，俨然也变成了其中的一员，开始学习这些所谓名士的风气。为了生活，他替书商批些文章，获得些收入。

匡超人有个朋友叫潘三，是个不学无术的人，经常做些违法的事，匡超人也渐渐在潘三身上学了些不良的习气。

一天，潘三来找匡超人，道："我们好几天没见面了，一起出去喝点酒吧。"匡超人关了门，两人来到街上。才走了几步，就看到潘三家的小厮跑来，说家里有客人在等潘爷。潘三就和匡超人一起回家了，让他在里屋稍等一会儿。

过了一会儿，潘三回来了，和匡超人说道："我现在有个挣钱的机会，不知道兄弟有没有兴趣？"原来刚才的客人叫李四，他说有个有钱的老爷，想让自己的儿子进学，但是他儿子一个字都不会写，如今马上就要考试了，想找个人替考，事成了以后答应给五百两银子作为酬谢。匡超人听了，觉得是个挣钱的机会，就答应了。

考试的时候，潘三使了些银两，把匡超人安排进了考场，替人答了卷子。发榜那天，果然中了。潘三给了他二百两银子作为酬劳，道："兄弟，如今你有了钱，这钱不要乱花，得做些正经事。"匡超人道："做什么正经事？"潘三道："你这么大岁数了，还没娶媳妇。我有个朋友，姓郑，是个忠厚老实的人，在抚院大人的衙门里当差。他有个女儿，托我给做个媒，我看你们挺般配的。你要是同意，这事就包在我身上了。"匡超人道："多谢三哥还想着我的事，我能有什么不愿意的。"潘三去和郑老爹说，取了庚帖，只向匡超人要了十二两银子，

匡超人替考竟中举

《儒林外史》中描写的科举制度下的文人

买了几件首饰，做了四件衣服，去过了礼。选了个好日子，匡超人就成了亲。一年以后，妻子生了一个女儿，夫妻生活得很幸福。

一天，匡超人正在门口站着，看到一个青衣大帽的人走过来，说道："请问这里是匡相公的家吗？"匡超人道："我就是，请问你是哪里来的？"那人道："我们家老爷有封信让我交给匡相公。"匡超人拿来一看，原来是自己老师的信，信上说他以前被人诬陷，罢了官，现在查清楚了，都是没有的事。现在官复原职了，想要匡超人去京城，要照看他。

匡超人为获取功名，踏上前往京城投奔老师的路途

匡超人留那人吃了酒饭，写了封回信，说："谢谢老师关照，我马上就整理行装，去京城见老师。"

匡超人临走之前，请了几个朋友吃饭。酒席之间，有个人说："听说了吗，昨天晚上潘三被抓起来了，已经下到牢里了。"匡超人问道："为什么啊？"那人道："潘三犯的罪可多了，把持官府，包揽词讼，广放私债，毒害良民，无所不为……"匡超人一听，心下想道："这些事，也有好几件我都参与过，要是被审出来，可怎么办啊。"当时吓得脸色发青。匡超人回到家里，整个晚上都没睡着觉。妻子问他怎么了，他也不好说实话。

第二天，匡超人收拾行李，去了京城，投奔老师去了。两人见面以后，老师让匡超人住在自己的家里，照顾得十分周到。老师问匡超人可曾娶过妻子，匡超人暗想："自己的丈人是在抚院里当差的，地位低微，说出来会被人看不起的。"只得答道："还没娶过妻子。"老师说："这么大了还没娶妻子，也算难得了，这事交给我了。"过了不久，老师就为匡超人寻了一门亲事，匡超人想："要是说自己已经娶过妻了，老师定会以为我欺骗他，生我的气，要是答应他的话，我家里的妻儿可怎么办啊。"

匡超人进京

科举考试毒害了许多人

又转念一想："戏文上说的蔡状元招赘牛相府，传为佳话，这有何妨！"于是便答应了。

一次，老师让匡超人出去办事，回来的时候在船上遇到一个姓牛的人，当谈到自己的名声的时候，匡超人说："我的文名也够了。自从那年去了杭州，到现在也有五六年了，考卷、墨卷、房书、行书、名家的稿子，还有《四书讲书》《伍经讲书》《古文选本》——家里有个账，共是九十五本。我写的书，每部都要卖掉一万多本，山东、山西、河南、陕西、北直都争着买我的书，就怕买不到；我有本书，前年出版的，到现在已经刻了三副版了。不瞒你们说，在我们那里，都在书案上供着'先儒匡子之神位'。"姓牛的人说："先生，你这话说得不对吧！'先儒'是指已经去世的儒者，可是你现在还活着，怎么会得到这样的称呼呢？"匡超人红着脸道："不对！'先儒'是指对先生的尊称！"那人听了，也就不和他争辩了。

(四) 贪得无厌的王惠

科举是求取功名的桥梁，少数幸运者一旦功成名就，就要用无厌的贪求来攫取财富，压榨百姓。他们出仕多为贪

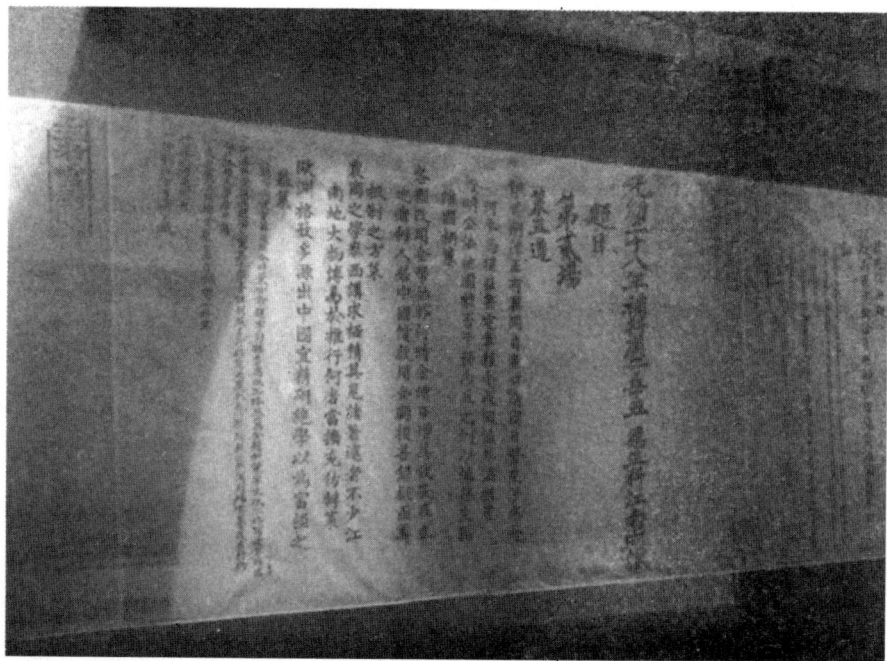

科举是求取功名的桥梁，无数人挤破头争取名次

官污吏，出乡则多是土豪劣绅。科举制度不仅培养了一批庸才，同时也豢养了一批贪官污吏。

王惠晚年中的进士，被任命为江西南昌知府。他一路风尘仆仆地赶路，很快便来到了江西省城南昌府。前任的蘧太守是浙江嘉兴府人，进士出身，因为年纪大了而且身体多病，已经回家养老了，府衙里的事情由通判代为处理。王惠到任以后，交接了事务，他管辖下各个部门的人都来见过了。

一天，蘧太守派了下人来禀告说："我家老爷年老多病，耳朵也听不清了；交接

《儒林外史》中描写的科举制度下的文人

的事，本该自己来和王太爷处理，不过现在身体不行了，明日打发少爷过来，当面和你交接一些公务。一切事都要请王太爷多多担代。"王惠答应了。

第二天早上，衙门里准备好了酒饭，等候蘧公子。不一会儿，蘧少爷坐着一顶小轿来了。两人客套了一会儿，转入正题，蘧公子道："府衙中历年的结余还有两千多两金子，我父亲把这笔钱全部留下，以便用作王大人在此地的各项开支。"交接完事后，两人又聊了一会儿。

酒菜摆好了以后，大家坐下。王惠慢慢问道："你们这里有什么特产吗？官司里有哪些地方是可以通融的？"蘧

王惠进了府衙以后利欲熏心，作威作福

南昌知府

公子道："我们这里虽然地方很偏，都是乡野粗人，但是很少有坏人。我父亲治理这里的时候，凡事都以化解为主，不喜欢百姓诉讼打官司。所以这里的案子很少，刑罚更少。"王惠笑道："可见'三年清知府，十万雪花银'这样的话，在这里也不准了啊！"当下酒过数巡，蘧公子见他问的都是些鄙陋的话，于是又说道："有人说我们这衙门里只有三种声音。"王惠道："是哪三样？"蘧公子道："是吟诗声、下棋声、唱曲声。"王惠大笑道："有意思，老先生真是风雅之人啊。"蘧公子道："将来王老爷一定大有作为，只怕这府衙里要换三种

衙门

声音了。"王惠道:"是哪三样?"蘧公子道:"是戥子声、算盘声、板子声。"王惠并没有听出来这话是讥诮他的,严肃地说:"如今你我要替朝廷办事,只怕也不得不如此认真。"

蘧公子酒量很大,王太守也喜欢喝酒,彼此推杯换盏,一直喝到黄昏,蘧公子才辞别走了。

没过多久,王惠定做了一把头号的大秤,把六房书办都传进来,问明了各项余利,开始整顿财务秩序,清理小金库,三日五日一笔,算盘声自然是不断了。然后把两根板子拿到内衙上秤,比较了轻重,在上面记下暗号,出堂的时候,吩咐叫用大板，衙役要是用轻的板子打，就判断他收了钱，然后用重板子打衙役，作为惩罚。这些衙役百姓，一个个被他打得魂飞魄散；全城的人，没有一个不知道王太守的利害，睡梦里也是怕的。从此，衙门的声音换成了戥子声、算盘声、板子声。因此他得到"江西第一个能员"的称号，王惠俨然变成了一个酷吏。

王惠因为能干，被提升了南赣道台，在上任的途中，遇到反叛的宁王，王惠被反绑了双手，带上了一艘大船。在船上，王惠吓得一直不敢抬头，跪在地上。宁王走过来，把他扶起来，亲自为他松了绑，对他说："我久仰先生的才干，先生如果肯归顺我，那么高官厚禄，荣华富贵一定少不了你的。"王惠见此情况，乖乖投降了。

后来，宁王被朝廷大军打败了。乱军中，王惠匆匆拿了几本旧书和几两银子，换了一身青衣连夜跑了出来。

这一天，他走到了浙江乌镇，饿得头都发昏了，就找到了一家酒店，吃饭的时候看到同桌的一个年轻人十分面善。王惠问那少年："请教客人贵姓，住在何处啊？"

少年答道："我姓蘧，老家在嘉兴。"王惠吃了一惊，又连忙问："那南昌太守

浙江乌镇

蘧老先生你认识吗？"那少年也诧异了，说："那是我的家祖，难道先生认识我的家祖？"王惠怕旁边的人听到，向四周张望了一下，小声对少年说："我是继任的南昌知府王惠，和你的父亲有过一面之缘。"那少年说："我的父亲在回到家乡的第二年就去世了。"王惠听到以后，觉得世事难料，不觉也难过地流下了眼泪。

少年看到王惠衣衫褴褛，面色憔悴，不解地问："先生为何在这，怎么落到这步田地？"王惠把自己的这段经历和少年说了一遍。少年听后，便取出了二百两银子，给了王惠。王惠感动得双膝跪地，说："多谢了，我现在落魄，一无所有，就把这几本旧书留给你吧。将来有机会，我一定好好报答你。"

两人分开后，王惠雇了一艘船去了太湖。因为他曾经投靠了叛军，被朝廷悬赏捉拿。后来，王惠改名换姓，削发为僧了。

（五）堕落无耻的严贡生

官吏们贪赃枉法，而在奉行八股取士的制度的同时，土豪劣绅也恣意横行。戴着科举功名帽子的在乡士绅，则成了堕落无行的劣绅。严贡生就是一个典型。

一天，知县门口来了两个喊冤告状

落魄的王惠乘船去了太湖

的人，一个叫王小二，是贡生严大位的邻居。王小二说："去年三月，严贡生家一头刚生下来的小猪，跑到我家里来了，我慌忙把猪送回了严家。可严贡生说猪到了我家，再找回来，太不吉利了。逼着我出了八钱银子，把小猪买了过来。过了一段时间，这口猪在我家养到了一百多斤，有一次错走到了严家，严家把猪抓了起来。我去严家要猪，严贡生说，猪本来是他的，想把猪领回去，就得花银子。我们是穷人家，哪有银子，后来两家争吵了起来，却被严贡生的几个儿子拿门闩、擀面杖打了个半死，腿都打

《儒林外史》中描写的科举制度下的文人

049

折了。小人因此来报官。"

　　知县听了，喝了口水。问另一个人道："你叫什么名字，状告谁啊？"那人道："小人叫做黄梦统，在乡下住。小人要告的也是严贡生。小人去年九月去县里交钱粮，一时间钱不够了，就托人向严贡生借了二十两银子，每月三分钱的利息，写了借约，放在了严家。后来我遇到了亲戚，说能借我几两银子，我就没拿严家的银子。交完钱粮，就和亲戚回家去了。到现在已经大半年，最近想起这事来，问严府取回借约，严贡生却向小的要这几个月的利息钱。小的说：'我也没

严贡生借放高利贷之机讹诈他人，行径卑鄙

借走你的钱，给什么利息啊？'严贡生说，小的若当时拿回借约，他可把银子借与别人生利；因不曾取约，他那二十两银子也不能动，误了大半年的利钱，该是小的出。小的自知不是，向中人说，情愿买个蹄酒上门去取约；严贡生执意不肯，把小的驴和梢袋（褡裢），都叫人拿了回家，还不发出借据来。这样含冤负屈的事，求大老爷做主！"

知县听了，说道："一个做贡生的人，忝列衣冠；不在乡里间做些好事，却如此骗人，实在太可恶了！"便将两张状子都批准了。原告在外等候。早有人把这话报告诉了严贡生，严贡生慌了，心里想："这两件事都是我不对，倘若审断起来，一定对我不利。三十六计走为上策。"于是卷起行李，一溜烟跑到省城去了。

知县准了状子，差人来到严家。严贡生已经不在家了，只找到了严贡生的弟弟，他叫严大育，字致和，他哥字致中，两人是同胞兄弟，却在两个宅里住。这严致和是个监生，家私豪富，足有十多万银子。严致和见差人来说此事，他是个胆小的人，见哥哥又不在家，不敢轻慢。随即留差人吃了酒饭，拿两千钱打发去了。

安徽全椒民居

《儒林外史》中描写的科举制度下的文人

严贡生与严监生

严监生连在衙门使费，共用去了十几两银子，这事才过去了。

后来，严监生因为妻子去世，新年也不出去拜节，在家哽哽咽咽，不时哭泣，精神恍惚。过了灯节后，就叫心口疼痛。初时撑着，每晚算账，直算到三更鼓。后来就渐渐饮食少进，骨瘦如柴，又舍不得银子吃人参。赵氏劝他道："你心里不自在，这家务事就丢开了罢。"他说道："我儿子还小，你叫我托哪个？我在一日，少不得料理一日！"不想春气渐深，肝木克了脾土，每日只吃两碗粥汤，卧床不起。等到天气和暖，又勉强进些饮食，挣起来家前屋后走走；挨过长夏，立秋以来，病又重了，睡在床上。

自此严监生的病，一日重似一日，毫无起色。诸亲六眷，都来问候，五个侄子，穿梭似的过来陪郎中弄药。到中秋以后，医生都不下药了；把管庄的家人，都从乡里叫了来，病重得一连三天不能说话。晚间挤了一屋子的人，桌上点着一盏灯；严监生喉咙里，痰响得一进一出，一声接一声的，总不得断气。还把手从被单里拿出来，伸着两个指头；大侄子上前问道："二叔！你莫不是还有两个亲人不曾见面？"他就把头摇了摇。二侄子走上前来问道："二叔！莫不是还有两笔银子在哪里，不曾吩咐明白？"他把两眼睁得溜圆，把头又狠狠地摇了几摇，越发指得紧了。奶妈抱着儿子插口道："老爷想是因两位舅爷不在跟前，故此惦念？"他听了这话，两眼闭着摇头。那手只是指着不动。赵氏慌忙揩揩眼泪，走近上前道："老爷！只有我能知道你的心事。你是为那盏灯里点的是两茎灯草，不放心，恐费了油；我如今挑掉一茎就是了。"说罢，忙走去挑掉一茎；众人看严监生时，他点一点头，把手垂下，顿时就没了气。

听到自己的弟弟去世了，严贡生从城里回来了，帮着操办丧事。一天，严

严监生死前因油灯费油而迟迟不能咽气

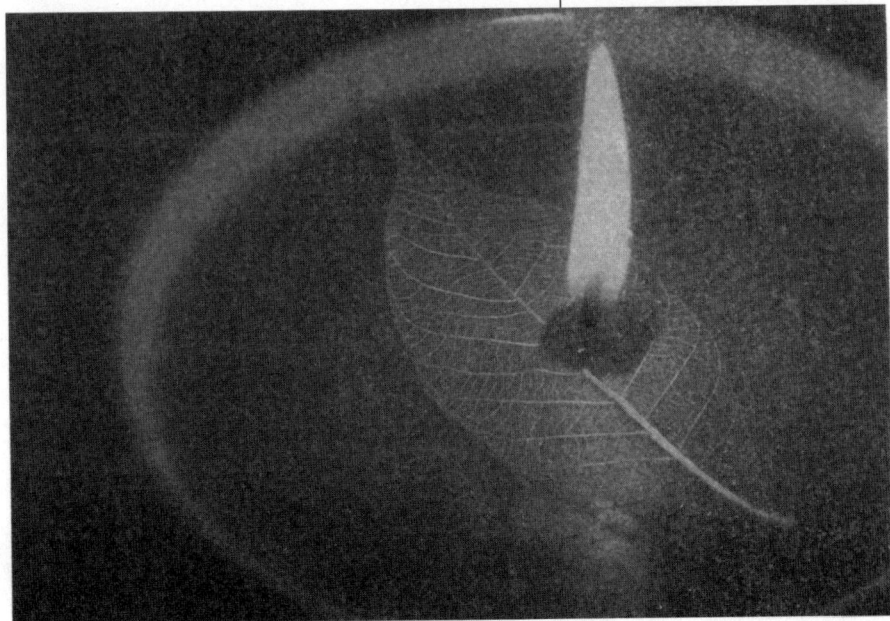

《儒林外史》中描写的科举制度下的文人

贡生出去办事，坐在船舱里忽然一时头晕，两眼昏花，口里恶心，吐出许多清痰来。来富同四斗子，一边一个，架着他的胳膊，只是要跌。严贡生口里叫道："不好！不好！"叫四斗子快去烧起一壶开水来。四斗子把他放了睡下，一声接一声地哼；四斗子慌忙和船家烧了开水，拿进舱来。

严贡生用钥匙开了箱子，取出一方云片糕来，约有十多片，一片一片剥着，吃了几片，将肚子揉着，放了两个大屁，立刻好了。剩下几片云片糕，搁在后鹅口板上，半日也不来查点；那掌舵驾长害馋痨，左手把着舵，右手拈来，一片片地送进嘴

云片糕

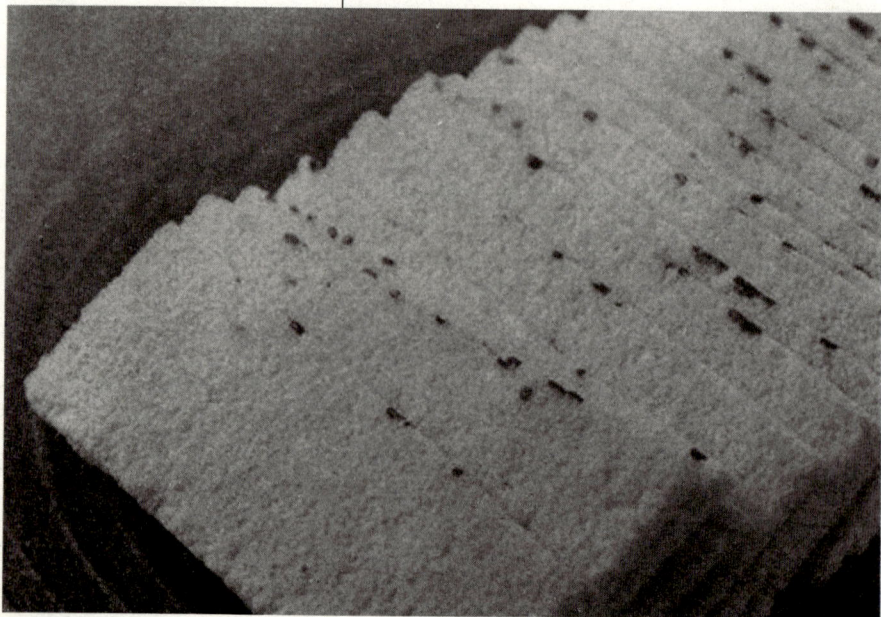

里，严贡生只装看不见。

船靠了码头，严贡生叫来富速叫两乘轿子来，将二相公同新娘先送到家里去；又叫些码头工人把箱笼都搬上了岸，把自己的行李也搬上了岸。船家水手，都来讨喜钱。

严贡生转身走进舱来，四面看了一遭，问四斗子道："我的药放哪里去了？"

四斗子道："何曾有药？"严贡生道："方才我吃的不是药？分明放在船板上的。"那掌舵的道："想是刚才船板上几片云片糕，那是老爷剩下不要的，小的就斗胆吃了。"严贡生道："吃了？好贱的云片糕？你晓得我这里头是些什么东西？"掌舵的道："云片糕不过是些瓜仁、核桃、洋糖、面粉做成的了，有什么东西？"

严贡生发怒道："放你的狗屁！我因素日有个晕病，费了几百两银子合了这一料药；是省里张老爷在上党做官带来的人参，周老爷在四川做官带来的黄连。你这奴才！猪八戒吃人参果，全不知滋味，说得好容易！是云片糕！方才这几片，不要说值几十两银子？'半夜里不见了轮头子，攮到贼肚里！'只是我将来再发了晕病，却拿什么药来医？你这奴才，害我不浅！"叫四斗子开拜匣，写帖子。又说："送这

待船靠岸，严贡生因云片糕一事讹诈掌舵人

奴才到汤老爷衙里去，先打他几十板子再讲！"

掌舵的吓坏了，陪着笑脸道："小的刚才吃的甜甜的，不知道是药，还以为是云片糕！"

严贡生道："还说是云片糕！再说云片糕，先打你几个嘴巴！"说着，已把帖子写了，递给四斗子，四斗子慌忙走上岸去；那些搬行李的人帮船家拦着。两只船上船家都慌了，一齐道："严老爷，而今是他不是，不该错吃了严老爷的药；但他是个穷人，就是连船都卖了，也不能赔老爷这几十两银子。若是送到县里，他那里担得住？如今只是求严老爷开开恩，高抬

严贡生因几片云片糕和船家争执不一，可见其吝啬程度

严贡生骂个痛快，扬长而去

贵手，饶过他罢！"严贡生越发恼得暴躁如雷。

搬行李的脚夫有几个走到船上来道："这事原是你船上人不是。方才若不是问严老爷要酒钱喜钱，严老爷已经上轿去了。都是你们拦住，那严老爷才查到这个药。如今自知理亏，还不过来在严老爷跟前磕头讨饶？难道你们不赔严老爷的药，严老爷还有些贴与你们不成？"众人一齐逼着掌舵的磕了几个头，严贡生转弯道："既然你众人说情，我又喜事重重；且放着这奴才，再和他慢慢算帐，不怕他飞上天去！"骂毕，扬长上了轿。行李和小厮跟着，一

《儒林外史》中描写的科举制度下的文人

吴敬梓故里

哄去了。船家眼睁睁看着他走了。

　　《儒林外史》俯仰百年，写了几代儒林士人在科举制度下的命运，他们为追逐功名富贵而不顾"文行出处"，把生命耗费在毫无价值的八股制艺、无病呻吟的诗作和玄虚的清谈之中，以至于道德堕落，精神荒谬，才华枯萎，丧失了独立的人格，失去了人生的价值。对于真正的文人应该怎样才能赢得人格的独立和实现人生的价值，吴敬梓又陷入理性的沉思之中。

四 《儒林外史》中的真儒名贤

安徽全椒吴敬梓故居

吴敬梓描写了一批真儒名贤，体现了作者改造社会的理想。作者理想的人物是既有传统儒家美德又有六朝名士风度的文人，追求道德和才华互补兼济的人生境界。

（一）忧国忧民的杜少卿

杜少卿是作者殷情称颂的理想人物。他淡薄功名，讲究"文行出处"。朝廷征辟，但他对朝政有着清醒的认识，"正为走出去做不出什么事业"，"所以宁可不出去"。他装病拒绝应征出仕，说："好了！我做秀才，有了这一场结局，将来乡试也不应，科、岁也不考，逍遥自在，做些自己的事罢！"这就背离了科举世家为他规定的人生道路。

杜少卿傲视权贵，却扶困济贫，乐于助人，有着豪放狂傲的性格。汪盐商请王知县，要他作陪，他拒不参加，说："我哪有工夫替人家陪官！"王知县要会他，他说："他果然仰慕我，他为什么不先来拜我，倒叫我拜他？"但到了王知县被罢官，赶出衙门，无处安身时，杜少卿却请他到家来住，"我前日若去拜他，便是奉承本县知县，而今他官已坏了，又没有房子住，我就该照应他"。

对贫贱困难的人，他平等对待，体恤帮助。一天，杜少卿正要和朋友喝酒，只见他家的裁缝走了进来，双膝跪下，磕下头去，放声大哭。杜少卿大惊道："杨裁缝！这是怎的？"杨裁缝道："小的这些时在少爷家做工，今早领了工钱去，不想才过了一会，小的母亲得个暴病死了。小的拿了工钱家去，不想到有这一变，把钱都还了柴米店里，而今母亲的棺材衣服，一件也没有。没奈何，只得再来求少爷借几两银子与小的，小的慢慢做着工算。"杜少卿道："你要多少银子？"裁缝道："小户人家，怎敢望多？少爷若肯，多则六两，少则四两罢了。小的

杜少卿为人豪爽坦率，嫉恶如仇

《儒林外史》中的真儒名贤

也要算着除工钱够还。"杜少卿惨然道："我哪里要你还。你虽是小本生意，这父母身上大事，你也不可草草，将来就是终身之恨。几两银子如何使得！至少也要买口十六两银子的棺材，衣服、杂货共须二十金。我这几日一个钱也没有。也罢，我这一箱衣服也可当得二十多两银子。王胡子，你就拿去同杨裁缝当了，一总把与杨裁缝去用。"又道："杨裁缝，这事你却不可记在心里，只当忘记了的。你不是拿了我的银去吃酒赌钱，这母亲身上大事，人孰无母？这是我该帮你的。"杨裁缝同王胡子抬着箱子，哭哭啼啼去了。

夫子庙淮清桥头的吴敬梓故居

因用山上枯树盖房，被本家
老爷打骂，黄大十分委屈

这一天，杜少卿回到家里，一个乡里人在敞厅上站着，见他进来，跪下就与少爷磕头。杜少卿道："你是我们公祠堂里看祠堂的黄大？你来做什么？"黄大道："小的住的祠堂旁边一所屋，原是太老爷买与我的。而今年代多，房子倒了。小的该死，把坟山的死树搬了几棵回来添补梁柱，不想被本家这几位老爷知道，就说小的偷了树，把小的打了一个臭死，叫十几个管家到小的家来搬树，连不倒的房子都拉倒了。小的没处存身，如今来求少爷向本家老爷说声，

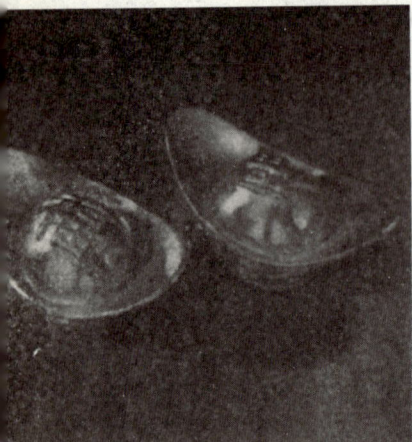
杜少卿给了黄大五十两银子,
替他救急

公中弄出些银子来,把这房子收拾收拾,赏小的住。"杜少卿道:"本家!向哪个说?你这房子既是我家太老爷买与你的,自然该是我修理。如今一总倒了,要多少银子重盖?"黄大道:"要盖须得百两银子;如今只好修补,将就些住,也要四五十两银子。"杜少卿道:"也罢,我没银子,且拿五十两银子与你去。你用完了再来与我说。"拿出五十两银子递与黄大,黄大接着去了。

杜少卿既讲求传统的美德,在生活和治学中又敢于向封建权威和封建礼俗挑战,追求恣情任性、不受拘束的生活。他遵从孝道,对父亲的门客娄老爹极为敬重。

有一次,杜少卿的朋友住宿在他的家里,清晨起来,朋友来到院子里,看到一个小厮,就问道:"你家少爷可曾起来?"那小厮道:"少爷起来多时了,在娄太爷房里看着弄药。"朋友道:"你家这位少爷也出奇!一个娄老爹,不过是太老爷的门客罢了,他既害了病,不过送他几两银子,打发他回去。为什么养在家里当做祖宗看待,还要一早一晚自己服侍。"那小厮道:"你还说这话哩,娄太爷吃的粥和菜,我们煨了,他儿子孙子看过还不算,少爷还要自己看过了,才送与娄太爷吃。人参铫子自放在奶奶房里，奶奶自己煨人参。药是不消说，一早一晚，少爷不得亲自送人参，都是奶奶亲自送人参与他吃。你要说这样话，只好惹少爷一顿骂。"

他敢于向封建权威挑战，对当时钦定的朱熹对《诗经》的解说，大胆提出质疑，认为《溱洧》一篇"也只是夫妇同游，并非淫乱"。对《女曰鸡鸣》的解释是，提倡独立自主，怡然自乐的生活境界。对当时盛行的看风水、迁祖坟的迷信做法，他极力反对，认为应"依子孙谋杀祖父的律，立刻凌迟处死"。他不受封建礼俗的拘束，

风水罗盘

《儒林外史》中的真儒名贤

"竟携着娘子的手，出了园门，一手拿着金杯，大笑着，在清凉山冈子上走了一里多路"，使"两边看的人目眩神摇，不敢仰视"。

他尊重女性，反对对妇女的歧视与摧残。某日与朋友一起喝酒，季苇萧多吃了几杯，醉了，说道："少卿兄，你真是绝世风流。据我说，镇日同一个三十多岁的老嫂子看花饮酒，也觉得扫兴。据你的才名，又住在这样的好地方，何不娶一个标致如君，又有才情的，才子佳人，及时行乐？"杜少卿道："苇兄，岂不闻晏子云：'今虽老而丑，我固及见其姣且好也。'况且娶妾的事，小弟

全椒风光

觉得最伤天理。天下不过是这些人，一个人占了几个妇人，天下必有几个无妻之客。小弟为朝廷立法：人生须四十无子，方许娶一妾；此妾如不生子，便遣别嫁。是这等样，天下无妻子的人或者也少几个。也是培补元气之一端。"萧柏泉道："先生说得好一篇风流经济！"迟衡山叹息道："宰相若肯如此用心，天下可立致太平！"当下吃完了酒，众人欢笑，一同辞别去了。

对敢于争取人格独立的沈琼枝，他充满了敬意。沈琼枝是读书人家的女儿，被盐商宋为富骗娶做妾，她设计裹走宋家的金银珠宝，逃到南京卖文过日子，自食其力。人们都把她看做"倚门之娼"，或疑为"江湖之盗"，但杜少卿却说："盐商富贵奢华，多少士大夫见了就销魂夺魄，你一个弱女子，视如土芥，这就可敬的极了。"

他尊重人的个性，追求自由自在的生活。友人到他家聚会，"众客散坐，或凭栏看水，或啜茗闲谈，或据案观书，或箕踞自适，各随其便"。他和六朝文人一样反对名教而回归自然，把自然山水当做自己的精神家园，所以他对妻子说："你好呆，放着南京这样好玩的所在，留我在家，春天秋天，同你出去看

杜少卿尊重人的个性，追求自由自在的生活

花吃酒，好不快活！为什么要送我到京里去？"在名士风度中闪耀着追求个性解放的光彩。

杜少卿表面上狂放不羁，但是仍然怀着一颗忧国忧民之心。真儒们以道德教化来挽救颓世，赢得他的敬重，虽然他的家产几乎已经耗尽，但仍然捐三百两银子修泰伯祠。杜少卿的好朋友迟衡山说："我们这南京，古今第一个贤人是吴泰伯，却并不曾有个专祠。那文昌殿、关帝庙，到处都有。小弟意思要约些朋友，各捐几何，盖一所泰伯祠，春秋两仲，用古礼古乐致祭。借此大家习学礼乐，成就出些人才，也可以助一助政教。但建造这祠，须数千

泰伯祠

金。我裱了个手卷在此，愿捐的写在上面。少卿兄，你愿出多少？"杜少卿大喜道："这是应该的！"接过手卷，放开写道："天长杜仪捐银三百两。"迟衡山道："也不少了。我把历年坐馆的钱节省出来，也捐二百两。"

他的理想和追求并不为凡夫俗子所理解，被骂为"最没品行"的人，要子侄们在读书桌上贴一纸条，上面写道："不可学天长杜仪。"杜少卿在那样的社会里，只能陷入苦闷和孤独，他在送别虞博士时说："老叔去了，小侄从今无所依归矣。"

杜少卿较之传统的贤儒有着狂放不羁

杜少卿在那样的社会里，只能陷入苦闷和孤独

杜少卿是《儒林外史》中少有的
有光彩的人物，他使沉重腐气的
儒林呈现出亮色和生机

的性格，少了些迂阔古板；较之六朝名士，有着传统的道德操守，少了些颓唐放诞。他是一个既有传统品德又有名士风度的人物，既体现了传统的儒家思想，又闪耀着时代精神，带有个性解放色彩，与贾宝玉同为一类人物，不过传统思想的烙印更深一些而已。

杜少卿是《儒林外史》中少有的有光彩的人，他使这沉重腐气的儒林呈现出亮色和生机，带给读书人一些昂扬的气息。他的这些个性和思想首先是建立在他的阅历和学习上，可是能有像他这样的先天条件的人并不多，他基本上是脱离了劳作和维持生计后，任性而为，他更多的思想还是建立在一种纯理论的基础之上。因此，杜少卿的光彩也只在于此，他只是能够按照自己的理解去自在地实践他的价值，在现实的夹缝当中，他的光芒很微弱。

（二）雅士杜慎卿

杜慎卿面如傅粉，眼若点漆，温文尔雅，有潘安之貌，飘然有神仙之风，胸怀子建之才，是江南数一数二的才子。和其他的名士不同的地方在于他讲究"雅"，是个雅人，他的"雅"不在形式而在于内容，他喜欢清谈。往往只食江南鲥鱼、樱、笋这些清淡的下酒之物，买的是永

鲥鱼

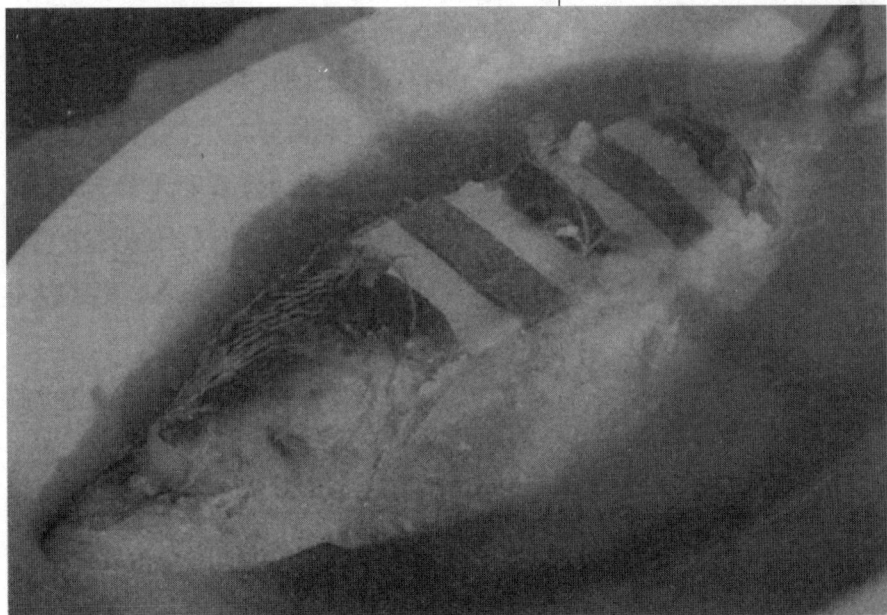

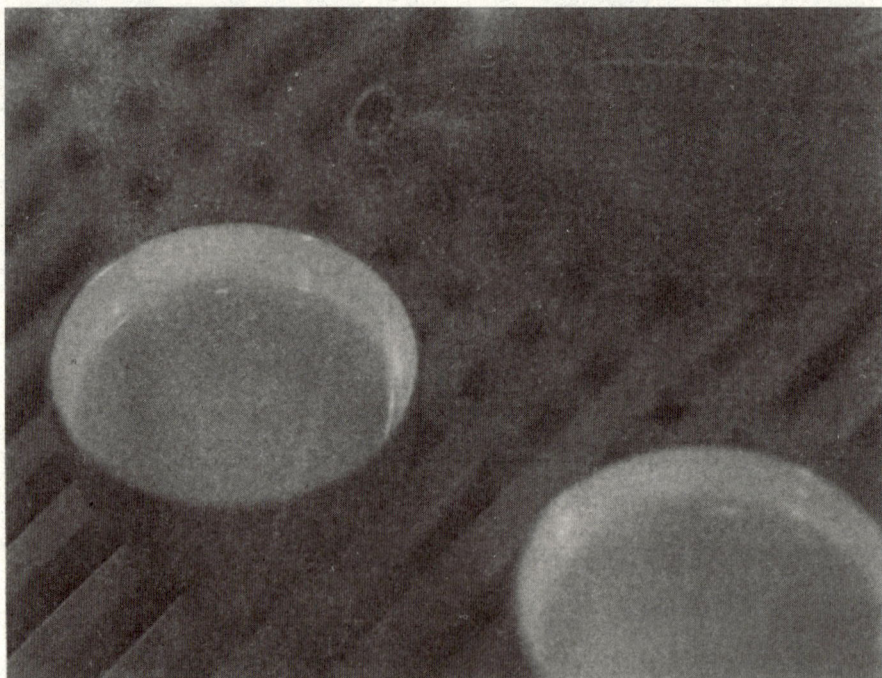

杜少卿常约几位朋友一起小聚，
吃酒品茶，谈论人生

宁坊上好的橘酒，又是雨水煨的六安毛尖茶，邀几个朋友先生们"挥麈清谈"。吃酒品茶到了高兴处，朋友提出："对名花，聚良朋，不可无诗。我们即席分韵，何如？"杜慎卿笑道："先生，这是而今诗社里的故套，小弟看来，觉得雅得这样俗，还是清谈为妙。"或者他更喜欢呜呜咽咽，吹着笛子，拍着手，唱李太白《清平调》。

"雅得这样俗"说得极妙，他讲究雅不在形式而在内容。他无山水之好，也并不执迷于丝竹之音，却醉心于一个"情"字。他所说的"情"却并非是指男女之情，

他说："朋友之情，更胜于男女！你不看别的，只有鄂君绣被的故事。据小弟看来，千古只有一个汉哀帝要禅天下与董贤，这个独得情之正；便尧舜揖让，也不过如此，可惜无人能解。"他所说的"情"实际上是一种相知，是那种肝胆相照、灵犀相通的知音者，是一种"相遇子心腹之间，相感于形骸之外"的性情，因为无所得，因此他便常叹："天下终无此一人，老天就肯辜负我杜慎卿万斛愁肠，一身侠骨！"

　　按说，文人清谈并不是什么好事情，清谈误国是自古就有的训诫，但杜慎卿的清谈，却有着一份厚重的追求和执著的情

杜慎卿清淡，却有着一份厚重的追求和执著

感。这样的清谈中，自然就不仅仅是为清谈而清谈了。同时，在这清谈之外，他倒是做了一件事情：在莫愁湖开了一个湖亭梨园大会。

这个梨园大会不是像那些假名士们做的莺脰湖名士大会或西湖诗会，而是实实在在的一次梨园盛会。有一百多个做旦角的戏子，一人一部戏，杜慎卿和几个名士做评委，记清了这些戏子的身段、模样，做了暗号，几日之后评出个高下，出一个榜文，把色艺双绝的取在前列，贴在通衢。

这次梨园盛会，杜慎卿倒完全不是附庸风雅，而是实实在在地做了一次文化的

梨园盛会剧照

交流和推进。在当时能够把操贱业的戏子
们组织起来搞一次大会，没有突破现实的
勇气和胸襟是做不到的，能够做出这样的
事情，这和他所持的"情"之性情是有关
系的。事实上，评选出一些优秀的艺人，
让他们名扬天下，同时也推进了梨园文化
的传播和发展，杜慎卿的"雅"其实是突
破了个人的小性情而成为文化发展的一种
潜在的动力。

（三）辞官还家的庄绍光

庄绍光出身读书人家，少有才华，
十一二岁就会做七千字的长赋。天下皆闻。
此时已将及四十岁，名满一时，他却闭户

庄绍光渡过黄河，一路来到京城

著书，不肯妄交一人。浙抚徐穆轩先生，今升少宗伯，他举荐了庄绍光。奉旨要见，庄绍光只得去走一遭。

庄绍光晚间置酒与娘子作别。娘子道："你往常不肯出去，今日怎么闻命就行？"庄绍光道："我们与山林隐逸不同，既然奉旨召我，君臣之礼是拗不得的。你且放心，我就回来，断不为老莱子之妻所笑。"次日，应天府的地方官都到门口来催迫。庄绍光悄悄叫了一乘小轿，带了一个小厮，脚子挑了一担行李，从后门老早就出汉西门去了。

庄绍光从水路过了黄河，雇了一辆车，晓行夜宿，一路来到京城。

这时是嘉靖三十五年十月十一日，庄征君屏息进殿，天子便服坐在御座之上。庄征君上前朝拜。天子道："朕在位三十五年，幸托天地祖宗，四海升平，边疆无事。只是百姓未尽温饱，士大夫亦未见能行礼乐。这教养之事，何者为先？所以特将先生起自田间，望先生悉心为朕筹划，不必有所隐讳。"庄征君正要奏对，不想头顶心里一阵疼痛，着实难忍，只得躬身奏道："臣蒙皇上清问，一时不能条奏，容臣细思，再为启奏。"天子道："既如此，也罢。先生务须为朕加意，只要事事可行，宜于古而不戾于今罢了。"说罢，

勤政殿

起驾回宫。

　　庄征君出了勤政殿，太监又牵了马来，一直送出午门。徐侍郎接着，同出朝门。徐侍郎别过去了。庄征君到了下处，除下头巾，见里面有一个蝎子。庄征君笑道："臧仓小人，原来就是此物！看来我道不行了！"次日起来，焚香盥手，自己撰了

一个箸，筮得"天山逐"。庄征君道："是了。"便把教养的事，细细做了十策，又写了一道"恳求恩赐还山"的本，从通政司送了进去。

自此以后，九卿六部的官，无一不来拜望请教。庄征君会得不耐烦，只得各衙门去回拜。大学士太保公向徐侍郎道："南京来的庄年兄，皇上颇有大用之意，老先生何不邀他来学生这里走走？我欲收之门墙，以为桃李。"侍郎不好唐突，把这话委婉地向庄征君说了。庄征君道："世无孔子，不当在弟子之列。况太保公屡主礼闱，翰苑门生不知多少，何取晚生这一个

自此以后，九卿六部的官，无一不来拜望请教

《儒林外史》中的真儒名贤
081

燕子矶

野人？这就不敢领教了。"侍郎就把这话回了太保。太保不悦。

又过了几天，天子坐便殿，问太保道："庄尚志所上的十策，朕细看，学问渊深。这人可用为辅弼么？"太保奏道："庄尚志果系出群之才，蒙皇上旷典殊恩，朝野胥悦。但不由进士出身，骤跻卿贰，我朝祖宗无此法度，且开天下以幸进之心。伏候圣裁。"天子叹息了一回，遂教大学士传旨：庄尚志允令还山，赐内帑银五百两，将南京元武湖赐与庄尚志著书立说，鼓吹休明。传出圣旨来，庄征君又到午门谢了恩，辞别徐侍郎，收拾行李回家。满朝官员都来饯送，庄征君都辞了，依旧叫了一辆车，出彰仪门来。

庄征君遇着顺风，到了燕子矶，自己欢喜道："我今日复见江山佳丽了！"叫了一只凉篷船，载了行李一路荡到汉西门。叫人挑着行李，步行到家，拜了祖先，与娘子相见，笑道："我说多则三个月，少则两个月便回来，今日如何？我不说谎吧！"娘子也笑了，当晚备酒洗尘。

次早起来，才洗了脸，小厮进来禀道："六合高大老爷来拜。"庄征君出去会。才会了回来，又是布政司来拜，应天府来拜，驿道来拜，上、江二县来拜，本城乡

绅来拜，哄庄征君穿了靴又脱，脱了靴又穿。庄征君恼了，向娘子道："我好没来由！朝廷既把元武湖赐了我，我为什么住在这里和这些人纠缠？我们速搬到湖上去受用！"当下商议料理，和娘子连夜搬到元武湖去住。

这湖是极宽阔的地方，和西湖差不多大。左边台城，望见鸡鸣寺。那湖中菱、藕、莲、芡，每年出几千石。湖内七十二只打鱼船，南京满城每早卖的都是这湖鱼。湖中间五座大洲：四座洲贮了图籍，中间洲上一所大花园，赐与庄征君住，有几十间房子。园里合抱的老树，梅花、桃、李、芭蕉、桂、菊，四时不断的花。又有一园的竹子，有数万竿。园内轩窗四启，看着湖光山色，真如仙境。门口系了一只船，要往哪边，在湖里渡了过去。若把这船收过，那边飞也飞不过来。庄征君从此就住在这里了。

（四）四大奇人

当真儒名贤"都已渐渐消磨了"的时候，作者在全书末尾写了"四大奇人"。

第一个是会写字的，这人叫季遐年，自小无家无业，总在寺院里安身。每天跟着和尚在寺院里吃斋，和尚倒也不厌他。一个会写字的人到底奇在何处？奇就奇在他字写得好却有很多的怪癖和

季遐年在寺院里吃斋，写得一手好字

季遐年写字前要磨一天的墨，秉性古怪

举动：他的字写得最好，却又不肯学古人的法帖，只是自己创出来的格调，由着笔性写了去，但凡人要请他写字时，他三日前，就要斋戒一日，第二日磨一天的墨，却又不许别人替磨。就是写个十四字的对联，也要用墨半碗。用的笔，都是那人家用坏了不要的，他才用。到写字的时候，要三四个人替他拂着纸，他才写。一些拂得不好，他就要骂、要打。却是要等他情愿，他才高兴。他若不情愿时，任你王侯将相，大捧的银子送他，他正眼儿也不看。他又不修边幅，穿着一件稀烂的直裰，穿着一双再破不过的蒲鞋。每日写了字，得了人家的笔资，

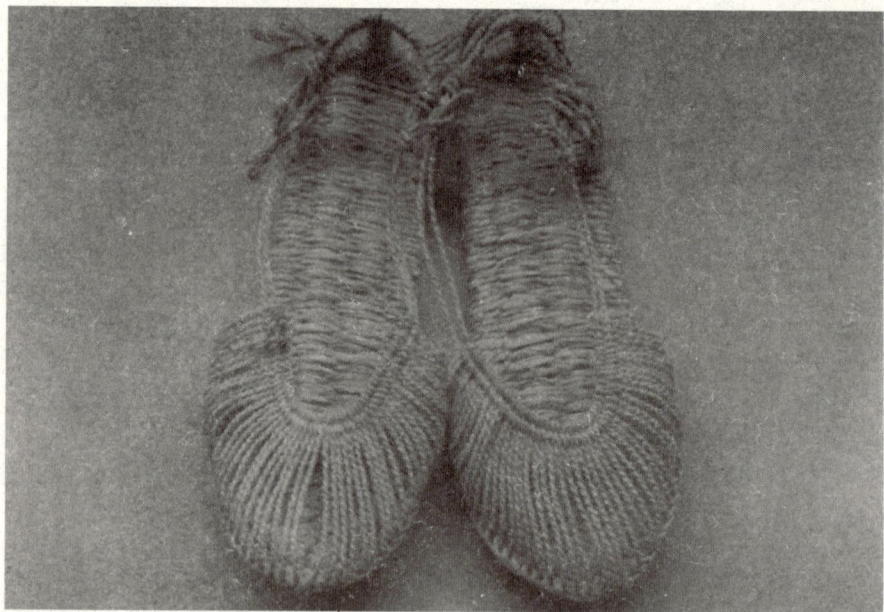

蒲鞋

自家吃了饭，剩下的钱就不要了，随便不相识的穷人，就送了他。他到一个朋友家去，蒲鞋沾了好多泥，人家想办法让他换鞋，他来气了，没有进门还一顿挖苦："你家什么要紧的地方！我这双鞋就不可以坐在你家？我坐在你家，还要算抬举你。"施御史的孙子来请他去写字，他对他们的怠慢不高兴，不高兴不去也就罢了，可是他去了，去了之后却不写字，而是一顿教训："你是何等之人，敢叫我来写字！我又不贪你的钱，又不慕你的势，又不借你的光，你敢叫我写起字来！"

第二个是卖火纸筒子的，叫王太，他祖代是三牌楼卖菜的，到他父亲手里

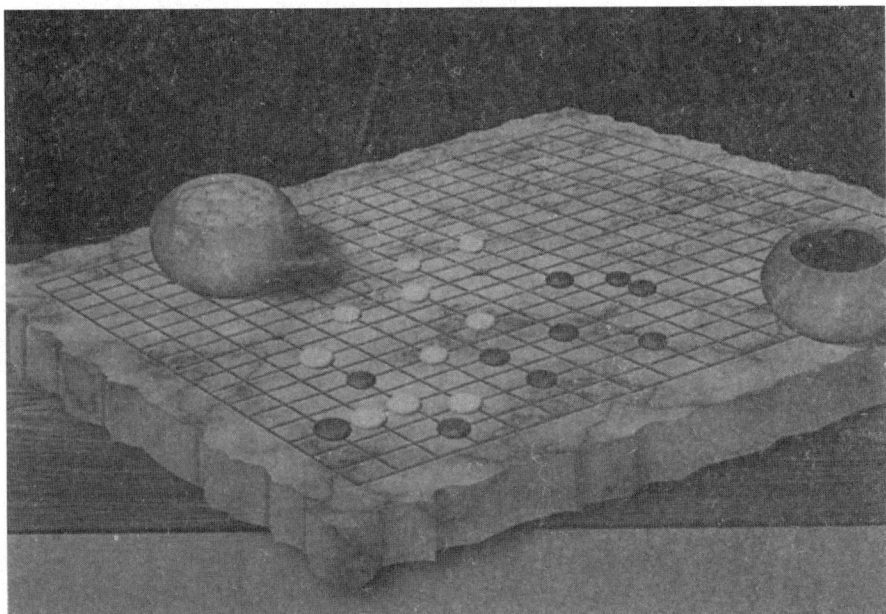

围棋

穷了，把菜园都卖掉，后来父亲死了，他无以为生，每日到虎踞关一带卖火纸筒过活。只是有一个好处，他喜欢下围棋，有一天走上街头，看到几个人下围棋，大家互相吹捧着，说这个是国手，那个是名手，王太总笑，几个人看他衣衫褴褛，不服气，和他一下，最厉害的国手也输给了他，这才吃惊，同时请他去吃酒论谈。王太大笑道："天下哪里还有个快活似杀矢棋的事！我杀过矢棋，心里快活极了，那里还吃得下酒！"说毕，哈哈大笑，头也不回就去了。

第三个是开茶馆的，叫盖宽，本来是个开当铺的人，也有些家产，可是他乐善

茶馆

好施，为了接济别人把家里各样的东西都变卖尽了，自己又不懂经营，只能开个茶馆，每日卖得五六十壶茶，赚得五六十个钱，仅够维持柴米。就是这样的困境，他心爱的古书却是不肯卖。别人劝他去找找以前自己帮助过的人，想想办法帮他做点有收成的生意，他说："'世情看冷暖，人面逐高低'。当初我有钱的时候，身上穿得也体面，跟的小厮也齐整，和这些亲戚本家在一块，还搭配得上。而今我这般光景，走到他们家去，他就不嫌我，我自己也觉得可厌。至于老爹说有受过我的惠的，那都是穷人，哪里还有得还出来！他而今又到有钱的地方去了，那里还肯到我这里来！我若去寻他，空惹他们的气，有何趣味！"

第四个是做裁缝的，叫荆元，五十多岁，每日替人家做了活，余下来工夫就弹琴写字，也极喜欢作诗。当时裁缝是个低贱的行当，朋友问他："你既要做雅人，为什么还要做你这贵行？何不同些学校里人相与相与？"他道："我也不是要做雅人，也只为性情相近，故此时常学学。至于我们这个贱行，是祖辈遗留下来的，难道读书识字，做了裁缝就玷污了不成？况且那些学校中的朋友，他们另有一番见识，怎肯和我们相与？而今每日寻得六七分银子，吃饱了饭，要弹琴，要写字，

《儒林外史》中的真儒名贤

诸事都由得我，又不贪图人的富贵，又不伺候人的颜色，天不收，地不管，倒不快活？"

这"四大奇人"，是知识分子高雅生活"琴棋书画"的化身，是作者心造的幻影，是文人化的市井平民，是作者为新一代读书士子设计的人生道路，体现作者对完美人格的追求。但是，幻影终归是幻影，因为"那一轮红日，沉沉地傍着山头下去了"，荆元悠扬的琴声"忽作变徵之音，凄清婉转"，令人"凄然泪下"。

这四个人知情知趣，心境淡泊，为所欲为，蔑视权贵。当"那南京的名士都已渐渐消磨尽了"的时候，奇人却出

夕阳西下，琴声凄清婉转

在儒林中找到一条光明之路实属不易

现在市井中间。当儒林中一片狼藉，而井市中则有闪光的人格。为什么在市井中反倒能保持人格的独立与心灵的自由呢？这四个奇人虽然都不是很富裕，但是其经济都能够独立，这恰好就是问题的关键所在：人格独立的背后是经济独立。被权力网络所覆盖的儒林中，只有爬墙藤一样的附庸，市井人物操持着被士大夫所蔑视的职业，他们却在这职业中获得了真正的经济独立。荆元说"诸事都由我"，好一个"诸事都由我"！儒林人士即使爬到宰辅这样的最高位置，怕也不敢说这样的大话。这无疑给儒林中人找到了新的出路。

五 《儒林外史》的艺术特色

吴敬梓颇以门第而自豪

（一）《儒林外史》的讽刺艺术

　　吴敬梓怀着高尚的理想和道德情操，但在现实生活中处处碰壁。狂狷而豁达的性格，使他睥睨群丑，轻蔑流俗。"先生豁达人，哺糟而啜醨，小事聊糊涂，大度乃滑稽。"这样的气质和禀赋，使他采用了讽刺的手法去抨击现实。鲁迅在《中国小说史略》中简括地论述了中国讽刺小说的渊源和发展："寓讥弹于稗史者，晋唐已有，而明为盛，尤在人情小说中。"然而多数作品或"大不近情"，类似插科打诨；或非出公心，"私怀怨毒，乃逞恶言"；或"词意浅露，已同谩骂"。《儒林外史》

吴敬梓纪念馆

将讽刺艺术发展到新的境界，"秉持公心，指摘时弊""戚而能谐，婉而多讽""于是说部中乃始有足称讽刺之书"。

讽刺的生命是真实。《儒林外史》通过精确的白描，写出"常见""公然""不以为奇"的人事的矛盾、不和谐，显示其蕴含的意义。例如严贡生在范进和张静斋面前吹嘘："小弟只是一个为人率真，在乡里之间从不晓得占人寸丝半粟的便宜。"言犹未了，一个小厮进来说："早上关的那口猪，那人来讨了，在家里吵哩。"通过言行的不一，揭示严贡生欺诈无赖的行径。又如汤

吴敬梓纪念馆

知县请正在居丧的范进吃饭，范进先是"退前缩后"地坚决不肯用银镶杯箸。汤知县赶忙叫人换了一个瓷杯，一双象箸，他还是不肯，直到换了一双白颜色竹箸来，"方才罢了"。汤知县见他居丧如此尽礼，正着急"倘或不用荤酒，却是不曾备办"，忽然看见"他在燕窝碗里拣了一个大虾元子送在嘴里"，心才安下来。真是"无一贬词，而情伪毕露"。

《儒林外史》通过不和谐的人和事进行婉曲而又锋利的讽刺。五河县盐商送老太太入节孝祠，张灯结彩，鼓乐喧天，满街是仕宦人家的牌仗，满堂有知县、学师等官员设祭，庄严肃穆。但盐商方老六却和一个卖花牙婆伏在栏杆上看执事，"权牙婆一手扶着栏杆，一手拉开裤腰捉虱子，捉着，一个一个往嘴里送"。把崇高、庄严与滑稽、轻佻组合在一起，化崇高、庄严为滑稽可笑。

《儒林外史》具有悲喜交融的美学风格。吴敬梓能够真实地展示出讽刺对象中戚谐组合、悲喜交织的二重结构，显示出滑稽的现实背后隐藏着的悲剧性内蕴，从而给读者以双重的审美感受。周进撞号板，范进中举发疯，马二先生对御书楼顶礼膜拜，王玉辉劝女殉夫的大

吴敬梓故居

笑……这瞬间的行为是以他们的全部生命为潜台词的，所以这瞬间的可笑又蕴含着深沉的悲哀，这最惹人发笑的片刻恰恰是内在悲剧性最强烈的地方。作者敏锐地捕捉到人物的瞬间行为，把对百年知识分子命运的反思和他们瞬间的行为巧妙地结合在一起，使讽刺具有巨大的文化容量和社会意义。《儒林外史》的讽刺艺术正是体现了鲁迅所说的"讽刺的生命是真实"，"非写实决不能成为所谓讽刺"的精神。小说中许多人物原型、许多人情世态，都是当时社会上司空见惯的。作者加以典型的概括，从而显露出幽默的讽刺锋芒。正如鲁迅在《什么是"讽刺"》中所说的，"它所写的事情是公然的，也是常见的，平时是谁都不以为奇的，而且自然是谁都毫不注意的。不过事情在那时却已经是不合理，可笑，可鄙，甚而至于可恶。但这么行下来了，习惯了，虽在大庭广众之间，谁也不觉得奇怪；现在给它特别一提，就动人"。取得强烈的讽刺艺术效果，从而更真实地揭露了问题的本质，起着深刻的批判作用。同时，针对不同人物作不同程度、不同方式的讽刺。总之，《儒林外史》运用把相互矛盾的事物放在一起，突出它的不合理的讽刺手法，

《儒林外史》处处可见讽刺，一针见血

吴敬梓与《儒林外史》

其讽刺艺术不仅分寸掌握恰当，而且能将矛头直接指向罪恶的社会制度，而不是人身攻击，它体现了现实主义讽刺艺术的高度成就。

（二）《儒林外史》的人物刻画

《儒林外史》语言特点是准确、洗练而富于形象性。常以三言两语，使人物"穷形尽相"。如第二回中写夏总甲"两只红眼边，一副锅铁脸，几根黄胡子，歪戴着瓦楞帽，身上青布衣服就如油篓一般，手里拿着一根赶驴的鞭子，走进门来；和众人拱一拱手，一屁股就坐在上席"。这样，

《儒林外史》中对人物和事件的
描绘更贴近现实生活的本来面貌

一个自高自大的小土豪形象就活现在我们
面前。吴敬梓学习运用人民群众的口语相
当成功，对话中有时引用谚语、歇后语，
也能恰当自然。

《儒林外史》中所写的人物更切近人
的真实面貌，通过平凡的生活写出平凡人
的真实性格。像鲍文卿对潦倒的倪霜峰的
照顾和对他儿子倪廷玺的收养，甘露寺老
僧对旅居无依的牛布衣的照料以及为他料
理后事的情谊，牛老儿和卜老爹为牛浦郎
操办婚事，他们之间的相恤相助等等，都
是通过日常极平凡细小甚至近于琐碎的描
写，塑造了下层人民真诚朴实的性格，感
人至深。

贪婪之欲与人间之情矛盾的集合在一个人身上，令人深思

人物性格也摆脱了类型化，而有丰富的个性。严监生是个有十多万银子的财主，临死前却因为灯盏里点着两根灯草而不肯断气。然而他并不是吝啬这个概念的化身，而是一个活生生的人。他虽然悭吝成性，但又有"礼"有"节"，既要处处保护自己的利益，又要时时维护自己的面子。所以，当他哥哥严贡生被人告发时，他拿出十多两银子平息官司；为了儿子能名正言顺地继承家产，不得不忍痛给妻兄几百两银子，让他们同意把妾扶正；妻子王氏去世时，料理后事竟花了五千银子，并常因

严监生为妻子后世豪掷千金，与之前他的一毛不拔形成鲜明对比

《儒林外史》的艺术特色

怀念王氏而潸然泪下。一毛不拔与挥金如土，贪婪之欲与人间之情，就这样既矛盾又统一地表现出人物性格的丰富性。

作者不但写出了人物性格的丰富性，而且写出了人物内心世界的复杂性。王玉辉劝女殉节，写出他内心的波澜：先是一次关于青史留名的侃侃而谈，接着是两次仰天大笑，后又写他三次触景生情，伤心落泪。从笑到哭，从理到情，层层展开，写出王玉辉内心观念与情感的不断搏斗，礼教和良心的激烈冲突。又如第一回多层次地揭示了时知县的内心世界。他先是在危素面前夸口，心想官长见百姓有何难处，谁知王冕居然将请帖退回，不予理睬。他便想：可能是翟买办恐吓了王冕，因此不敢来。于是决定亲自出马。可是他这一念头被另一种想法推翻，认为堂堂县令屈尊去拜见一个乡民，会惹人笑话。但又想到："屈尊敬贤，将来志书上少不得称赞一篇。这是万古千年不朽的勾当，有什么做不得！"于是"当下定了主意"。这里，种种复杂心理不断转折、变幻，心态在纵向中曲线延伸，让人看到他那灵魂深处的活动。《儒林外史》中每个人物活动的过程并不长，但能在有限的情节里，体现出人物性格的非固定性，即性格的发展变化。匡超人从朴实的青年到人品堕落，写出他

《儒林外史》中的故事虽然短小，情节有限，却能将人物的性格刻画得饱满深刻

随着环境、地位、人物之间关系而改变的性格，在他性格变化中又体现着深刻的社会生活的变动。

《儒林外史》摘去了脸谱，将事件和人物还原到生活的本质

古代小说人物的肖像描写往往是脸谱化的，如"面如冠玉，唇若涂脂"，"虎背熊腰，体格魁梧"等等。《儒林外史》掀掉了脸谱，代之以真实细致的描写，揭示出人物的性格。如夏总甲"两只红眼边，一副锅铁脸，几根黄胡子，歪戴着瓦楞帽，身上青布衣服就如油篓一般，手里拿着一根赶驴子的鞭子，走进门来，和众人一拱手，一屁股就坐在上席"。通过这一简洁的白描，夏总甲的身份、教养、性格跃然

《儒林外史》的艺术特色

105

纸上。

（三）《儒林外史》的结构艺求

《儒林外史》的结构，正如鲁迅言"虽云长篇，颇同短制"。全书没有一线到底的人物和情节，而以同一主题贯穿全书。有时这一回的主要人物到下一回就退居次要。"事与其来俱起，事与其去俱讫"。这种独特形式主要还是出于作者的艺术构思。全书以反对科举制度为主干，通过这一点，运用自如地安排各类人物和故事，从而达到较广泛地反映社会生活的目的。因此，尽管这种结构形式难免有些松散，但对它所反映的特定内容来说是和谐的。

中国乃至世界近代长篇小说传统的结构方式是由少数主要人物和基本情节为轴心而构成一个首尾连贯的故事格局。《儒林外史》是对百年知识分子厄运进行反思和探索的小说，很难设想它还有可能以一个家庭或几个主要人物构成首尾连贯的故事，完成作者的审美命题。如果那样，就有可能把科举制度下知识分子的种种行为集中在几个人身上，造成某种箭垛式的笑料集锦。《儒林外史》把几代知识分子放在长达百年的历史背景中去描写，以心理的流动串联生活经验，创造了一种"全书

《儒林外史》是一部对百年知识分子厄运进行反思和探索的小说

《儒林外史》按生活的原貌描绘生活

无主干，仅驱使各种人物，行列而来，事与其来俱起，亦与其去俱讫，虽云长篇，颇同短制"的独特形式。它冲破了传统通俗小说靠紧张的情节互相勾连、前后推进的通常模式，按生活的原貌描绘生活，写出生活本身的自然形态，写出随处可见的日常生活。

在嬉笑怒骂的故事中，蕴藏着作者深刻的思考和警示，那就是对封建科举制度的批判

作者根据亲身经历和生活经验，对百年知识分子的厄运进行思考，以此为线索把"片断的叙述"贯穿在一起，构成了《儒林外史》的整体结构。第一回通过"楔子"以"敷陈大义""隐括全文"，然后又以最后一回"幽榜"回映"楔子"，首尾呼应，浑然一体。除"楔子"和结尾外，全书主体可分为三部分。第一部分，自第二回起至三十回止，主要

描写科举制度下的文人图谱,以二进(周进、范进)、二王(王德、王仁)、二严(严贡生、严监生)等人为代表,以莺脰湖、西子湖、莫愁湖聚会为中心,暴露科举制度下文士的痴迷、愚昧和攀附权贵、附庸风雅的丑态,同时也展现了社会的腐败和堕落。第二部分,自三十一回起到四十六回止,是理想文士的探求。作者着重写三个中心:修祭泰伯祠,奏凯青枫城,送别三山门。围绕这三个中心,塑造了杜少卿、迟衡山、庄绍光、虞育德、萧云仙等真儒名贤的形象。第三部分,自四十七回至五十五回止,描写真儒名贤理想的破灭,社会风气更加恶劣,一

科举制度带来的后果是鸡鸣狗盗之徒的得势和真儒名贤理想的破灭

《儒林外史》的艺术特色

科举文物

代不如一代，以致于陈木南与汤由、汤实二公子在妓院谈论科场和名士风流了。但是，作者没有绝望，仍在探索，写了"四大奇人"，用文人化身自食其力者来展示他对未来的呼唤。

中国古代小说多以传奇故事为题材，可以说都是"传奇型"的。到了明代中叶，从《金瓶梅》开始，才以凡人为主角，描写世俗生活。而真正完成这种转变的，则是《儒林外史》。它既没有惊心动魄的传奇色彩，也没有情意绵绵的动人故事，而是当时随处可见的日常生活和人的精神世界。全书写了二百七十多人。除士林中各色人物外，还把高人隐士、医卜星相，娼妓狎客、吏役里胥等三教九流的人物推上舞台，从而展示了一幅幅社会风俗画，致使有人感叹"慎毋读《儒林外史》，读竟乃觉日用酬酢之间无往而非《儒林外史》"。

《儒林外史》摆脱了传统小说的传奇性，淡化故事情节，也不靠激烈的矛盾冲突来刻画人物，而是尊重客观再现，用寻常小事，通过精细的白描来再现生活，塑造人物。马二先生游西湖，没有惊奇的情节，没有矛盾冲突，只是按照马二先生游西湖的路线，所见所闻，淡淡地写去。写他对湖光山色全无领略；肚子饿了，没有选择地"每样买了几个钱，不论好歹，吃了一饱"；见到书店就问自己的八股文选本的销路如何；看到御书楼连忙把扇子当笏板，扬尘舞蹈，拜了五拜；遇到丁仙祠里扶乩，就想问功名富贵；洪憨仙引他抄近路，他以为神仙有缩地腾云之法。这平淡无奇的描写却把这个八股选家的愚昧、迂腐的性格写活了。写匡超人回董家，"他娘捏一捏他身上，见他穿着极厚的棉袄，方才放心"。通过这样平常的细节，把母亲对他的爱以"摹神之笔"刻骨铭心地写了出来。

西湖美景

六　《儒林外史》的影响

在中国的古典小说丛林中，《儒林外史》是一部中国古代最著名的长篇讽刺小说，在中国文坛上闪耀着不可磨灭的光辉，它是一部不朽的著作。吴敬梓以其独特的视角和锋利的讽刺给后来的讽刺小说树立了一个榜样。

《儒林外史》是与现代小说观念最接近的古代小说。作者用简洁质朴的白话语言把小说形象生动自然地呈现在读者面前，这种白描手法，是其对古典小说叙事形态的一大超越。能使作品变得平晓易懂，更容易感受到作者想要表达的思想情感。少了文绉绉的表现，多了点自然流露，读起来也琅琅上口。

《儒林外史》独特的视角和尖锐的讽刺给后来的讽刺小说树立了一个榜样

吴敬梓与《儒林外史》

《儒林外史》讲述的都是世间真事

　　《儒林外史》不同于体现官方意志，掩盖弊端，粉饰太平的正史，正是记正史之不书，写名不见经传的众生相，也不同于民间流行的荒诞不经的稗官野史，其主旨是"写世间真事"，穷极文人情态，针砭时弊，讽喻世人。就儒林士流而言，主要写了四种人：迂儒、名士、贤人、奇人。吴敬梓最善于讽刺和揭露，他通过尖刻的笔触对迂儒人物进行嘲笑和讽刺，深刻地批判了封建时代的科举制度。虽然字里行间处处嘲讽，但更多的是对科举制度的愤懑和对可怜书生们的同情。

　　从全文来看，《儒林外史》在谋篇布

晚清其他讽刺小说均受到
《儒林外史》的影响

封建礼教对人们的毒害是吴敬
梓揭露和批判的重点

吴敬梓与《儒林外史》

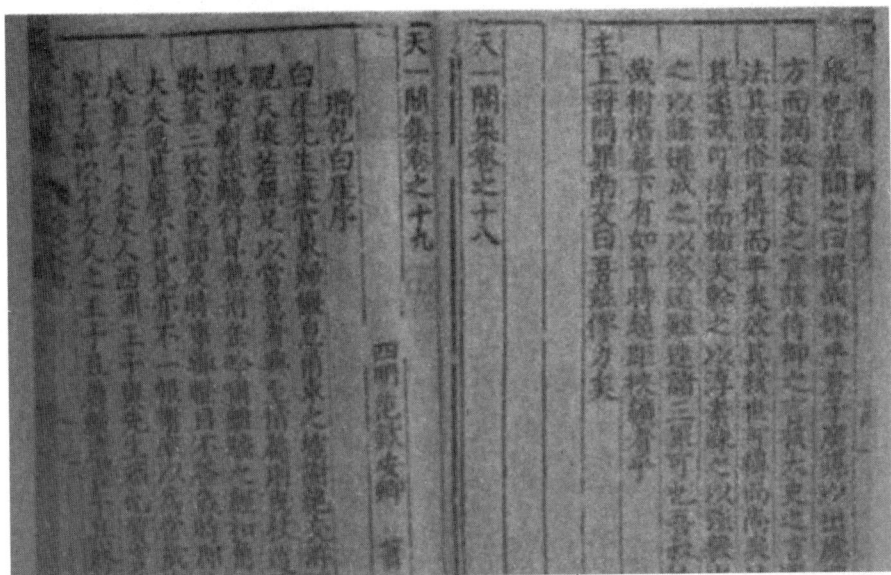

局上，全书故事情节虽没有一个主干，可是有一个中心贯穿其间，那就是反对科举制度和封建礼教的毒害，讽刺因热衷功名富贵而造成的极端虚伪、恶劣的社会风气。这样的思想内容，在当时无疑是有其重大的现实意义和教育意义的。

《儒林外史》所达到的高度的思想艺术成就，使它在当时就产生了很大的影响。晚清谴责小说《官场现形记》等显然是受了《儒林外史》讽刺艺术的影响，并在结构上也有所模仿。我国新文学的伟大作家鲁迅，极其推崇《儒林外史》，评《儒林外史》为："如集诸碎锦，合为帖子，虽非巨幅，而时见珍异。"他的战斗的文学传统特别是在讽刺手法的运用上，和《儒

反对科举制度是《儒林外史》的一个宗旨

《儒林外史》的影响
117

作者在书中虽然批判现实，却也对未来寄予美好希望

林外史》也有一定的关系。冯沅君、陆侃如合著的《中国文学史简编》认为"大醇小疵"，由于时代的局限，作者在书中虽然批判了黑暗的现实，却把理想寄托在"品学兼优"的士大夫身上，宣扬古礼古乐，看不到改变儒林和社会的真正出路，这是应该加以批判的。但其精湛的艺术手法，直到今天仍有重要意义。

《儒林外史》是我国古代讽刺文学的典范，吴敬梓对生活在封建末世和科举制度下的封建文人群像的成功塑造，以及对吃人的科举、礼教和腐败世态的生动描绘，使他成为我国文学史上批判现实主义的杰出作家之一。《儒林外史》不仅直接影响了近代谴责小说，而且对

吴敬梓本人历经科举种种，
对其十分了解

吴敬梓刻画了科举制度下
的芸芸众生

《儒林外史》的影响

《儒林外史》已被翻译成多种
文字，成为世界名著

现代讽刺文学也有深刻的启发。现在，《儒林外史》已被译成英、法、德、俄、日等多种文字，成为一部世界性的文学名著。有的外国学者认为：这是一部讽刺迂腐与卖弄的作品，然而却可称为世界上一部最不引经据典、最饶有诗意的散文叙述体之典范。它可与意大利薄伽丘、西班牙塞万提斯、法国巴尔扎克等人的作品相抗衡。